KB071749

조금 알고
적당히 모르는

오십이
되었다

조금 알고 적당히 모르는 오십이 되었다

「척」에 숨긴 내 마음을 드러내는 시간

이주희 지음

한 그루의 나무가 모여 푸른 숲을 이루듯이
청림의 책들은 삶을 풍요롭게 합니다.

프롤로그: 기어이 오십이 되었다

지혜로울 줄 알았다.

탯줄을 끊고 반백 년을 살면 웬만한 시련에도 눈 한번 감아낼 강인함이 생길 줄 알았다. 일을 구하고 사랑을 알고 살 곳을 정하고 후세를 만나는 고된 시기를 넘었으니 미끈하고 노련해질 거라고도 생각했다. 정치, 경제에 대한 독해력이 생길 줄 알았고 무엇보다 불필요한 경쟁의 늪에서 벗어나 안정과 번영의 강가를 걷고 있을 거라 기대했다. 그런 줄로만 알았다.

그런데 웬걸.

마음대로 되는 일은 없고 삶은 여전히 치열하고 정치와 경제는 어떻게 돌아가는지 모르겠고 세상의 변화는 어찌나 빠른지 눈 돌아갈 지경인데 은퇴를, 노후를 준비하라고 세상은 재촉해 댄다.

재력, 명예, 권력, 그 어느 것 하나 쥔 것 없는데 자식은 어느새 무럭무럭 자라났고 부모님은 자그맣고 시든 모습으로 서 계신다. 이 악물고 열심히 살면 완성된 삶이 보상될 거라 믿었는데. 이렇게 고백하면 그동안 뭐 하며 살았냐고 무능력자 취급 받을까 그 또한 두렵다.

영글었던 몸은 퍽퍽해졌고 몸의 기관들도 앞다투어 이상 신호를 보낸다. 살은 늘어지고 뼈는 휘고 이유 없이 아프고 서럽다. 자꾸 뒤를 돌아보고 주춤하게 된다. 그래. 먹고사는 일은 생각보다 쉬운 일이 아니었던 게다.

백세를 산 것도, 이순, 고희를 넘은 것도 아닌데 '나이'를 꺼내 놓자니 젖비린내 난다는 소리 들을까 걱정스럽지만, 뜻하지 않은 병을 앓으며 가족의 소중함을 알았고 사춘기 청소년처럼 '나'에 대한 성찰도 '사는 것'에 대한 고민도 생겼다. 무엇보다 더럭, 노후에 대한 걱정이 물밀듯 밀려왔다.

기어이 50.

어느 설문조사에 따르면 사람들은 55세를 중년의 시작으로 생각한다고 한다. 노년은 62세부터. 그러니 중년이라고 해야 고작 7년. 그런데 한국인의 평균 수명이 83.3세이니 노년은 무려 20년이 넘는 셈이다. 전속력으로 달리던 30대, 40대를 지나 이제 겨우 숨 고르기를 하고 있는데, 겨우 7년 동안 남은 20년 아니 그보다 더 길지도 모를 세월을 준비해야 한다니…. 숨이 찰 수밖에.

적당히 여유롭고 적당히 건강한 이 중년과 함께하는 방법도 모르겠는데, 무시무시한 속도로 달려오는 노년은 또 어찌 맞이해야 할지 난감하다. 하지만 지금 뭔가를 채워 넣지 않으면 앞으로는 하릴없이 나이 덕 입고 살 궁리만 할 것 같은 조바심이 난다. 자칫하면 살아온 날만큼 더 살아야 하는 이 아찔한 숙제를 미루다 덜컥 늙음과 죽음을 두려워하는 날이 올까봐 지금이라도 마음속의 근심을 꺼내놓을까 한다. 인생 전반의 열세했던 전적은 과감히 잊고 어지러운 마음들을 모아 새로이 작전을 짜야겠다. 자꾸 나를 불러 세우는 것들에 대해서.

나무가 늙으면 뿌리가 많아지고 사람이 늙으면 말이 많아진다는데, 뿌리 없이 입만 바빠지는 것 아닌가 염려스럽지만 지금이라도 개인적인 목표든 공동체의 보편적인 가치든, 버리고 채우지 않으면 안 될 것들에 대해 생각해보고 그 가벼움과 무거움을 짚어봐야겠다.

조금 알고 적당히 모르는 지금이야말로 '자기 주도적' 삶을 살아갈 적기일 테니.

〈요즘 오십은 이렇습니다〉에는 노화의 힘겨움, 나잇값에 대한 고민, 불안하고 조급한 마음 등 오십의 '사정'을 담았다.

〈오십부터는 잘 먹고, 잘 자고, 잘 입어야 한다〉에서는 앞으로의 삶에서 더욱 중요해질 '밥', '집', '옷'의 현재와 미래에 대해 생각해보았다.

〈조금 아는 오십을 위한 한 글자〉에는 '일', '돈', '책', '말', '술', '운'에 대한 자세를,

〈적당히 모르는 오십을 위한 두 글자〉에는 '친구', '유머', '운동', '팬심', '원칙', '죽음', '냄새', '환경', '변화', '종교'에 대한 짧고 평범한 마음을 적었다.

비가 세차게 내린다. 가진 것은 달랑 작은 우산 하나뿐인데 폭우를 뚫고 종착지까지 가야 한다. 하염없이 걷다 보면 이름 모를 안내자의 도움을 받을 수도 있지만, 운이 없을 경우 가지고 있던 변변찮은 봇짐마저 빼앗길지도 모르겠다. 하지만 그저 묵

묵히 걸어갈 수밖에. 비단길 끝에 절벽이 있을지, 가시밭길 뒤에 꽃길이 펼쳐질지는 아직 아무도 모르니 말이다. 게다가 우리는 지금 어디로든 가야 하는 환승역에 서 있으니까.

운동 경기의 전반과 후반 사이에는 쉬는 시간, 하프타임이 있다. 어떤 이는 전반의 전적에 집착하며 탄식의 시간을 보낼 것이고 어떤 사람은 곧 펼쳐질 후반전에서 역전을 기록할 작전타임의 기회로 삼을 것이다. 똑같은 시간 앞에서 누구는 지혜를 얻어 나아가고 누구는 후회와 탄식, 탐욕의 굴레에 머물겠지. 영광스럽게 결승점을 통과할지 누추하고 볼품없는 모습으로 중간에서 쓰러질지, 잠시 멈춰 서서 방향을 잡아보려 한다.

어느덧 내 나이 오십, 지금은 작전타임 중이다.

차례

〈적당히 모르는 오십을 위한 두 글자〉

요즘 오십은

이렇습니다

낯선 당신, 혹시 나?

어제의 나는 '젊었다'. 강골이었고 무엇에든 자신 있었고 그럼으로써 유쾌했다. 오늘의 나는 알 수 없는 무력감, 염증, 통증에 지배당하고 있다. 다시 말해, '질병과 사망에 대한 감수성'이 급격히 상승하는 중이다. 심지어, 뇌의 명령과 몸의 움직임 사이, 그 격차를 느낀다.

먹고사는 일에 익숙해질 즈음 불현듯 마주한 나는 '낯설다'. 삶의 희로애락은 전리품처럼 주름으로 양각되어 있고 피부는 이미 중력에 순응한 지 오래다.

머리칼, 피부에서는 메마른 낙엽처럼 바스락거리는 소리가 나고 다친 자리는 원상 복귀도 쉽지 않다. 오호라, '노화'라는 손님이 찾아든 것이다. 나의 몸에 집중하는 시간이 많아진 까닭일까? 내 몸은 낯신 이의 것처럼 타자(他者)가 되어 있다.

인생 성숙기에서 노년기로 접어드는 생애 전환기. 그렇다. 내 나이, 오십의 고개를 넘었다.

노인도 젊은이도 아닌, 부르기도 애매하고 행동하기엔 더 애매한 나이, '오십'.

육십은 환갑이라는 명확한 이름표가 있고, 사십 대까지는 사회, 경제적 활동을 유지하느라 나이를 셈할 여유도 없다. 그러나 오십은 자기 나이로 보이면 기분 나쁘고 자기 나이로 대접 받지 못해도 기분 나쁜, 분기점이라고 할까. 이런 아이러니라니.

앞으로 더 많은 몸의 변화가 속력을 높여가며 찾아올 것이다. 몸에 좋다는 것을 애써 찾아 먹을 것이고 매일 삼켜야 하는 약의 종류도 늘려가겠지. 어느 날은 다급히 보험과 연금을 확인할지 모른다. 요란스럽지만 설레었던 2차 성징과 달리 노화는 평화롭게 찾아와 유쾌하지 않은 흔적을 남기고 장기 처방전을 발행한다.

몸뿐이던가. 마음도 불편한 것이 한두 가지가 아니다. 우선 예전 같지 않은 골격과 매무새에 부아가 치민다. '자기 관리'도 하지 못한 게으른 사람이라는 손가락질을 받을까 두렵다. 지금의 얼굴과 몸이 지금까지 내가 살아온 시간을 대신할까봐 가벼운 핑계로 반가운 이들과의 해후를 미루기도 한다. 존재하기 위해 '애쓴' 몸이 어쩌다 '관리 소홀'의 불명예가 된 것일까. 기쁨, 슬픔, 분노 등 인생의 모든 형용사를 발효시킨 노화의 흔적이 '이만하면 잘 살아왔다'의 축복이 아니라 '어쩌다 그렇게 되었니?'의 공포가 된 것일까. 인생 주기율표에 따라 숙제 한번 게을리한 적 없는데 왜 결과는 허탈하고 평가는 야박하기만 한 것일까?

생각해본다. 나는 왜 나의 변화를 두려워하고 부끄러워하고, 그럼으로써 위축되는 걸까.

몸과 마음의 정당한 시간 여행을 어떻게 하면 자연스럽게 받아들이고 그 의미를 찾을 수 있을까.

그래, 이제 낯선 나를 제대로 바라봐야겠다.

오랜 벗들과 경복궁엘 갔다.

한복을 곱게 입고 나들이에 나선 젊은이들과 나이 지긋한 어르신들, 점심 후 휴식을 즐기는 직장인들, 국적도 다양한 외국인들까지 다양한 세대와 인종이 한 프레임에 들어오는 곳, 고궁은 요즘 그런 곳이었다.

하릴없이 이리저리 눈동냥 하는데 마음에 들어오는 것이 있었다. 젊은이들은 같은 모양의 한복을 입고 있는데도 저마다 다른 얼굴로 보이는 반면 우리는 각자 다른 옷을 입었는데도 모두가 유사한 외모로 보였다. 젊은이들에게서는 개인의 표정이, 우리들에게서는 무리의 분위기가 읽힌다고나 할까.

"푸석하고 숱 없는 머리 감추려면 뽀글 파마 해야 하고 주름과 검버섯 감추려면 덕지덕지 바를 수밖에 없잖아. 게다가 툭 튀어나온 뱃살 숨겨야 하니 비슷한 디자인의 옷을 입어서 그렇지." 여전히 날렵한 차림의 친구가 조목조목 설명을 이어갔다.

"이제 우리는 인종, 성별, 나이처럼 큰 묶음으로 구분되는 거야. 한국의 50대 여자. 이름도 필요 없어. 근데, 한편으로는 얼마나 다행이니? 젊을 때의 외모 품질과 상관없이 모두가 비슷해지니까. 손해 보는 장사는 아니지." 친구는 이런 걸 '외모 평준화'라고 불렀다.

젊을 때는 발품 팔아 다양한 디자인의 옷과 장신구를 사는 재미를 즐겼던 반면 지금 선택의 기준은 그저 '무난함'이다. 젊을 때 양말 길이까지 따지며 자타공인 패셔니스타였던 남편이 반바지에 검은색 양말, 샌들을 신고 산책길에 따라나서 기겁했다는 친구 이야기가 떠올라 웃음이 났다.

젊을 때는 무리에서 돋보이고 싶었지만 사는 동안 무리에서 튀지 않는 것이 안전하다는 걸 깨달은 걸까? 사는 데 바빠 외모

가꾸는 일이 우선순위에서 밀려버린 것일까? 아니면 저마다 다른 이유를 가졌던 젊음의 무거움이 평온한 무채색으로 발효된 건가.

톨스토이의 소설 《안나 카레니나》에서 읽었던, 행복한 가정은 모두 비슷한 이유로 행복하지만 불행한 가정은 저마다의 이유로 불행하다는 문장이 떠올랐다.

그런 것 같기도 하다. 조심스러워 보이는 젊은이들과 달리 비슷한 외양의 우리는 이유 없이 웃고, 거침없이 손뼉 치고, 쉽게 감탄하고, 제법 여유로웠으니까. 미세먼지 없는 하늘과 서늘한 바람, 커피 한 잔에 행복했고 심지어 이런 문화유산을 남긴 조상에도 감사했다. 한때 '투덜이 스머프'였던 친구마저 감사의 아이콘이 되어 있으니 말이다.

세월이 우리에게 무슨 짓을 한 것일까? 어떤 일에도 행복의 이유를 찾아내는 마법의 힘을 선물한 것일까? 몸의 통증을 앞서 경험한 친구는 "요즘은 눈도 안 보이고 귀도 잘 안 들려. 먹는 것마다 체하고 자꾸 깜빡깜빡해"라며 비극의 대사를 시작하는 나에게, 나이가 들면서 눈이 침침한 것은 필요한 큰 것만 보라는 뜻이요, 귀가 잘 안 들리는 것은 필요한 큰 말만 들으라는 것이며, 이가 시린 것은 연한 음식 먹고 소화불량 없게 하려 함이고, 걸음걸이가 부자연스러운 것은 매사에 조심하고 멀리 가지 말라는 것이며, 정신이 깜빡거리는 것은 지나온 세월을 모두 기억하면 정신이 너무 괴로울 테니 좋은 기억, 아름다운 추억만 기억하라는 것이라고 말한 다산 정약용의 《목민심서(牧民心書)》 속 글귀를 꺼내놓았다.

"그런 거래. 우리가 늙는 이유가."

어허. 그렇다면 우리가 겪고 있는 노화의 이상 신호들은 인생의 문제들을 적극적으로 취사선택할 수 있는 자격증과도 같은 것이란 말인가?

소설 《은교》에서 소설가 이적요가 너희의 젊음이 너희의 노력에 의해 얻은 상이 아니듯, 내 늙음도 내 잘못으로 얻은 벌이 아니라고 말한 것처럼 '낯선 나'는 벌이 아니라 훈장일지도 모르겠다는 생각이 든다.

주말 동네 분식집. 부축을 받고 들어선 백발의 할머니는 카레라이스를 뜨며 "정말 맛있다"를 연발한다. 흔한 음식에 후한 평을 해주니 분식집 사장님도 흐뭇한 미소를 감추지 못한다. 옆에서 수발을 돕던 중년의 여인은 "우리 엄만 구순에 식욕도 참 좋으셔"라며 즐거워하고 이웃 테이블 손님의 음식도 덩달아 달콤해졌다. 분식집 사장님은 "어르신 덕에 오늘 장사, 기분 좋습니다"라며 반찬 인심을 후하게 나눈다.

구순의 할머니는 나이 감옥에 갇혀 허우적대는 나에게 주문을 걸었다. 잘만 하면 나도 나이 구순에 카레라이스를 먹을 수 있다고, 그때도 카레라이스는 여전히 맛있을 거라고 말이다.

톨스토이가 옳았다. 세월은 나의 젊음을 빼앗아갔지만 수만 가지 이유의 불행도 함께 태워버렸다. 행복의 이유도 단순화시켰다.

나는 지금 젊을 때의 치장을 벗고 맨얼굴, 맨몸이 되어 걸어가고 있다. 몸의 변화를 두려워하고 불편해할 것이 아니라 영광스럽게 여기고 자연스럽게 받아들이는 것이 반백 년을 쓰며 마모된 몸에 대한 최소한의 예의일 것이다.

어차피 젊은 나르키소스는 물에 빠졌다. 하지만 그를 사랑했던 에코의 목소리는 여전히 아름답게 남아 있다. 생기 가득했던 몸의 과거는 뒤로하고 이제는 내 안의 울림, 에코를 찾아야겠다.

오십이 가벼워지는 인생 공부 ①

마음속의 내가 거울 속의 내게 말했다.
"너무 빨리 가지 마. 같이 가자."

거울 속의 내가 마음속의 내게 대답했다.
"천천히 와. 나의 변화가 좌절감이 되어 너에게 전이되고 그것이 또 나에게 전달되는 악순환, 이것이 우리가 절대 빠지면 안 되는 함정이야. 우리는 함께, 따로 가는 게 좋겠어. 어차피 결승점에서는 만날 테니까."

훌륭한 사람이 되기 위해서는 나이가 필요하다고 괴테가 말했다. 그러나 나이를 먹는다고 저절로 훌륭한 사람이 되는 건 아닐 게다. 누구는 지난 시간을 주춧돌 삼아 마음의 도서관을 짓고 누구는 탐욕과 아집을 에코로 만들고 있으니까.

비록 나의 외모가 '무리'로 구분되더라도 나의 '가치'만큼은 나만의 것으로 인정받아야 될 텐데. '보이는 나'와 '존재하는 나'의 싸움은 이제부터 시작이다.

나잇값, 얼마 줄래?

성장은 '거리', '부피', '면적'에 대한 상대적 느낌의 변화에서 시작한다.

우주 같던 교실이 작게 느껴지고 태평양 같던 학교 운동장이 제법 만만하게 보이는 순간, 어른으로 향하는 문을 열었던 것 같다. 엄마 손을 잡고 걷다가, 자전거를 타고 학교에 가고, 차를 타고 회사에 가고, 비행기를 타고 국경을 넘었다. 보고 듣고 말하고 생각하는 일이 기하급수적으로 팽창했다. 그것이 나의 성장이었다.

곧이어 진학, 취업, 결혼, 출산, 육아 등 인생의 과제들이 우수수 쏟아졌다. 수많은 과제들은 '세상에는 할 수 있는 일보다 할 수 없는 일이, 가질 수 있는 것보다 가질 수 없는 것이 더 많다' 라는 걸 냉정하게 가르쳐주었다. 까치발 서서 내다보던 세상은 다시 아이의 눈높이에서 보기에도 충분할 만큼 작아졌다. 뜨겁던 두 손은 누구라도 맞잡을 수 있게 적당히 식었다. 나의 젊음은 그렇게 저물었다.

폭풍 같은 시절을 갈무리하고 한숨 돌리는데 어라, 낯선 단어가 가슴팍에 붙는다. '꼰대'.

그 누구도 존중할 의사가 없는데 홀로 존중받아야 한다고 우기는 사람을 그렇게 부른다고 했다. 그렇다면 나는 꼰대인가 아닌가를 갸웃하고 있는데(사람은 늘 자신이 경계에 서 있다고 생각한다) 나의 긴 잔소리를 듣던 큰아이가 발음도 정확하게 "꼰대 같은 말만 하네"라며 제 방문을 꽝 닫고 사라진다. 이런!

회사에서는 신입사원들에게 "다 너희들을 위한 이야기"라며 '상사의 마음에 드는 법', '조직이 원하는 인재상' 따위를 만들어 정성스레 들려주었다. 풀 먹인 삼베 저고리처럼 빳빳이 앉아 물개 박수를 쳐대던 그들의 순수한 눈빛에서 실망스러움이 스쳐 지나가는 걸 읽긴 했다. 그러나 자신했다. '들어두면 다 피가 되고 살이 되는 이야기야. 언젠가 끄덕이는 날이 올 거야.'

아, 어쩌다 세월은 한때 'X세대'라 불리며 온몸으로 밀레니엄을 맞이한 젊은이들을 꼰대로 만든 것인지. 가슴에 도서관 몇 채를 지닌 현인(賢人)이 되길 희망했으나 엉뚱한 곳에서 혼자 알(!) 박고 있는, 다 쓰러져가는 폐가의 주인이 된 느낌이라니.

나쁜 의도는 아니었다. 먼저 경험한 사람으로서, 꼭 가야 할 길이 아니면 돌아가라 이른 것이고 청춘의 힘겨움을 맞들려는 순수한 의도였고 이런 세상밖에 물려줄 수 없는 기성세대의 미안함의 표현이었다. 전달 방법이 세련되지 못해서일 뿐, '나일리지(나이+마일리지)'를 행사하거나 '노슬아치(노인+벼슬아치)'가 되려는 의도는 결코 없었다.

그런데 이런 주장을 읽었다. 동물과 싸워 살아남아야 했던 수렵 시대에는 젊은이의 힘이 필요했고 문명이 비약적으로 발달한 농경 사회에서는 농사의 경험을 가진 나이 든 이가 존중을 받았다고 한다. 그러다 산업화, 정보화 사회에 들어서면서 단순 반복의 경험은 빛을 잃었고 정보와 기술을 다룰 줄 아는 젊은이들에게 다시 권력이 이동하게 되었다. '경험'의 가치가 자연스레 빛을 잃기 시작한 것이다.

'어른'이 아니라 '꼰대'가 된 것은 젊은이들의 공경심이나 어른들의 눈치 없는 간섭의 문제가 아니라 역사적, 사회적 발달 속의 자연스런 현상이었던 것이다. 여전히 '가치' 있는 존재로 인정받을 거라 기대하는 사람과 더 이상 경험적인 지식이 필요 없는 사회의 양극 사이에서 벌어진 무게 싸움인 셈이다. 선배가 자신의 경험을 아무리 참기름처럼 전달하려 한들 후배들은 이미 간장인지 참기름인지 큰 관심이 없다는 뜻이다.

물론 사회 발전 과정에 책임을 전가할 수만은 없다. 간장을 참기름으로 둔갑시킨 우리들의 잘못이 더 클지도 모른다. 예를 들면 이런 거다. 영화 〈러브 액츄얼리(Love Actually)〉의 배우 키이라 나이틀리(Keira Knightley)가 어느 인터뷰에서 말했다. 세상은 여전히 여성에게 예쁘면서도 너무 예쁘지는 말고, 섹시하면서도 너무 섹시하지는 말라고, 성공하되 또 너무 성공하지는 말라고 한다고. 살다 보니, 우리는 참으로 묘한 언어로 말한다. 까맣고 짠데 간장은 아니라고 말이다.

우리는 한때 정의로웠다. 그러나 이상과 현실이 뒤섞인 세상을 살며 차츰 목적보다는 수단에 기울게 되었다. 변명은 잦아지고 남들도 다 그러고 산다며 스스로를 가볍게 용서하기 시작했다. 결국 남에겐 엄격하고 자신에겐 관대한 이중 잣대를 만들었다. 말과 행동이 일치하지 않는 것마저 당연하다 생각한다. 그러니 "예쁘면서도 너무 예쁘지 말고, 성공하되 너무 성공하지 말라"라고 말하는 사람들에게 현재의 청춘들은 제대로 나잇값 쳐줄 의사가 없는 거다.

졸업 즈음이었던 것 같다. 모두 취업 준비로 바빴는데, 사회로 나가기 전, 이것 하나만은 가슴에 새기자며 삼삼오오 모였다. 이념으로 세상을 바꿀 수는 없어도 인간 행동의 기본을 지키고 살다 보면 언젠가 세상도 평등해지고 공정해지지 않겠냐며 '정의로움'만은 포기하지 말자고 뜻을 모았다.

그런데, 살다 보니 그놈의 정의라는 것도 참 해석하기 나름이었다. 사람은 자신의 경험과 환경에 따라 편향이 생긴다. 자기가 원하는 정보만을 골라 신념으로 만들어 박제해놓고는 그 이외의 것들에 대해서는 귀를 닫는다. 그렇게 만들어진 잘못된 정의를 얼마나 많이 마주했는지. 말과 행동이 다른 이중성에, 자의적으로 해석한 정의를 들고 세상을 대하니 꼰대 소리를 듣는다 해도 억울할 일이 아닌 게다.

이웃의 선생님 부부와 저녁 식사를 했다. 동네 닭갈비집, 식사와 함께 가볍게 한 잔씩을 키워가는데 앞뒤 테이블의 중년 남자들이 언쟁을 벌이기 시작했다. 음식 순서를 놓고 시작된 말다툼은 급기야 과거를 자랑하고 현재를 들먹이는 일로 번졌다. "내가 누군 줄 알아?", "네가 누군데? 내가 누군 줄은 알아? 나도 한때 말이야" 같은 대화가 도돌이표처럼 반복되었다. 그들이 예전에 누구였는지, 지금은 또 누구인지 알고 싶지 않은 우리 일행은 결국 자리를 옮겨야 했다.

"초등학생보다 못한 어른들이 많네요. 아이들한테는 '싸우지 마라', '잘난 척하지 마라', '거짓말하지 마라'라며 귀에 딱지가 앉도록 가르치는데…. 열심히 가르쳐봐야 소용없다니까요." 선생님 부부는 무심히 말했지만 듣는 귀는 움츠러들었다.

나의 선생님도 어디선가 "가르쳐봐야 소용없다"라는 말씀을 하고 계시지 않을까? 노구를 이끌고 결혼을 축하해주셨고 늘 안부도 먼저 전하시는데 변변히 제자 도리 못하고 있으니. 인간의 기본도 지키지 못하면서 감히 도서관 몇 채를 가진 현인이 되려고 노력한 겐가. 음식 순서 바로잡자고 엄한 곳에서 자신의 무거운 신분을 밝히는 중년 남자가 나이고 너이고 우리인 게 아니라고 누가 말할 수 있을까?

과거의 섣부른 성공은 새로운 흐름에 눈을 감고 다양한 소리에 귀를 닫는 '편향'을 만든다. 자신의 능력과 도덕적 우월성에 자신하는 경우 개인의 경험은 강도 높게 '일반화'가 된다. "나처럼 해봐요. 요렇게~."

드라마 〈검색어를 입력하세요 WWW〉에서 인터넷 업체 '바로'의 민홍주 대표는 배타미에게, 나한테 옳다고 저 사람한테도 옳을까, 나한테 틀리다고 저 사람한테도 틀릴까, 나도 누군가에겐 '개새끼'일 수 있다는 것만 기억하자고 말한다.

시시콜콜한 일에 거창한 훈수를 두고 자신의 엄한 신분을 밝히다 '개'의 정체가 탄로 나기 전에 우선 청춘들의 '경험'을 조용히 지켜봐야겠다. 그리고 어느 갈림길에서 그들만큼은 꼰대가 아닌 진정한 '콩테(Comte, 백작이라는 뜻의 프랑스어. 이를 일본식으로 부르면서 꼰대가 되었다는 설이 있음)'로 걸어가길 응원해야겠다.

감정 통제와 공감 기능을 수행하는 전두엽이 가장 늦게 성장하고 가장 먼저 노화한다는데. 공감 능력이 이만큼이라도 살아있을 때 기울어진 정의는 바로잡고, 함부로 자신을 들먹이는 버릇도 고치고, 쉽게 여닫는 입에는 자물쇠를 채우고, 꽉 막힌 귀는 청소를 해야겠다. 그러다 보면 청춘들과 나잇값 받는 일로 섭섭한 일은 생기지 않겠지.

간장은 간장이고 참기름은 참기름이니까.

오십이 가벼워지는 인생 공부 ②

이십여 년 전, 조각인지 사람인지 구분이 안 되는 배우 원빈이 보석 같은 눈을 치뜨며 외쳤다. "사랑? 얼마면 돼? 돈으로 사겠어."
그런데 유인원과 같은 조상을 가진 우리가 눈을 부라리며 "나잇값, 얼마 줄래?"를 묻다니, 안될 말이다.

나이대접, 밥이라도 한번 사고 요구하는 거다. 세상에 공짜는 없다.

영국 드라마 〈휴먼스(Humans)〉에는 '아니타'라는 로봇 가사 도우미가 등장한다.

인간보다 빠른 속도로 많은 양의 지식과 문제를 스스로 해결해나가는 강화학습 기반의 인공지능이다. 아니타는 가사도, 아이들의 학교 숙제도 척척해내며 가족들의 사랑과 신뢰를 독차지한다. 이런 아니타를 보며 엄마 로라는 자신의 존재에 대해 고민하기 시작한다. 그뿐이랴. 큰딸은 아니타에게 열등감을 느끼고 아들은 인공지능 아니타를 이성으로 착각한다.

이런 속도라면 머지않아 병도, 노화도 없는 시대가 오겠지. 대신 엄마 로라처럼, 사랑과 행복이 가득해야 할 집에서조차 그 무시무시한 인공지능과 경쟁을 해야 할지도 모른다.

어쩌면 사람과 경쟁하는 지금이 행복한 추억이 될지도 모르겠다.

아니, 아니다. 항상 일정한 결괏값이 나오는 로봇과 달리 어떤 결과를 낼지 모르는 사람과의 경쟁이야말로 불안의 원천.

나는 여전히 불안하다.

나, 불안하니?

좁은 땅에 특별한 자원 하나 없어도 한 핏줄로 똘똘 뭉쳐 살아온 우리는 국가적 재난도 어렵지 않게 극복해냈고 결국 GDP 기준 세계 10위에 오르기도 한, 위대한 국가가 되었다. 세계 역사상 이렇게 신박한 나라가 또 있으랴. 이러한 일이 가능했던 것은 첫째, '우리가 남이가'라는 단일 민족의 정신과 둘째, 남의 사정에 누구보다 깊게 공감하고 감정이입해 '아' 하면 '어' 할 줄 아는 고맥락 문화 때문이다.

좀 안다 싶은 관계에도 심적 거리를 유지하는 서양과 달리 우리는 주변 사람의 시시콜콜한 사정(예를 들면 교육 수준, 문화생활, 경제력)에 지대한 관심을 놓지 않는다.

그러나 요즘 같은 시대에, 알고 싶지 않아도 알게 되는 타인에 대한 온전한 정보는 없다. 예전처럼 대문이 낮아서 소곤거리는 소리가 새어나갈 리도 없고 삼삼오오 모여 품앗이할 일도 없으니, 눈을 돌려 귀를 쫑긋하지 않으면 옆집에서 험악한 일이 있어도 알아내기 힘든 것이 지금 우리 공동체의 현실이다.

대신 한 집 걸러 한 집씩 생긴 카페가 옛 시절의 마당을, 빨래터를, 사랑방을 대신한다. 그러나 고급진 카페 소파에서 얻은 타인에 대한 정보는 담장 넘어 알게 된 남의 사정과 달리 전후사연 빠진 '결과 압축형'이기도 하거니와, 엄선된 풍요와 행복을 담고 있어서 곧이곧대로 마음에 담았다가는 커피처럼 시꺼멓고 삼겹살처럼 지글지글 타는 마음이 되기 십상이다.

다들 잘살고 있는데, 나만 세월을 축내고 있나. 세상의 거대한 흐름에 소외당하고 있나. '아는 형님'은 갭 투자로 결국 건물주가 되었고 '아는 언니'는 자식을 명문대에 보냈고 회사 동기는 고위 임원으로 승진을 했다는데. 부러우면 지는 거라는데. 당초 '남의 이야기'는 질 수밖에 없는 게임이라는 건가.

이 와중에 문학, 역사, 철학적 지식과 그럴듯한 정치적 견해를 펼치며 SNS를 종횡무진하는 이들은 왜 또 그리 많은지. 내가 세월과 함께 무식해질 사이 도대체 그들에게는 무슨 일이 일어난 걸까? 도서관 한 채를 통째로 삼켜버린 걸까?

타인이 든 화려한 사회적 트로피를 보며 여유롭게 손뼉을 치고 있을 수만은 없는 일. 내 안에 꺼지지 않은 경쟁심이 현실적 불가능성과 부딪혀 파열하며 지금 이 순간, 폭죽처럼 터지고 있다. 너무 쉽게 안분지족(安分知足)을 실천해버렸나 하는 후회마저 생긴다.

젊은 시절, 타인의 발전은 내 성장의 디딤돌이었다. 질투로 마음이 이글거렸지만 '따라잡아야겠다'라는 생각이 나를 한 단계 성장시켰다. 긍정적 신호가 되어준 셈이다. 물론 성공의 척도가 단순했고 누구나 같은 방향을 바라보았으니 가능한 일이었다. 역전의 기회도, 원점으로 돌아가 다시 시작할 수도 있었던 것 같다.

그러나 결혼을 하고 자식을 낳고 각자 다른 동네에 정착해 살면서부터 '성공'이란 단어에 여러 의미가 담기기 시작했다. 사회적 지위나 명예, 경제적 윤택뿐 아니라 타인과의 올바른 관계, 좋은 평판, 곧은 심성, 가정의 화목과 건강 등 인생의 광범위한 영역 모두가 비교의 대상이 되었다. 노력만으로는 절대 이룰 수 없는, 기막힌 운도 필요하다는 걸 알았다.

그 어려운 걸 해낸 사람의 신화 같은 이야기는 불확실한 노후에 대한 걱정, 현실적인 불가능과 비례해 더욱 크게 부풀려져 내 앞까지 날아왔다. 마음이 이글거리다 못해 불타올랐다.

사업의 부침을 겪으며 경제적 풍요와 결핍, 인간관계의 천국과 지옥을 맛보았다는 선배는 요즘 '불안병'이 도졌다는 나의 말에 "호강에 겨워 요강에 똥 싼다"라며 코웃음을 쳤다.

"우리는 남의 특정한 시기의 특정한 모습만 볼 뿐이야. 다 악마의 편집이지. 남이 가마 타더라도 내 형편에 따라 당나귀 타면 그만인데, 가마 탄 사람 쳐다보다 당나귀 감사한 줄 모르고 잡아먹고 후회하는 게 인생이야. 나처럼 가마 타다가 당나귀 타보면 알게 돼. 뭐, 그러라고 고사 지낼 수는 없지만." 선배는 간단히 먹은 식사 값의 반을 탁자 위에 올려놓고 '알바'하러 간다며 홀연히 사라졌다. 안정적이지만 불안한 나와 달리 선배는 단단해 보였다.

채널을 돌리다, 어떤 이유에서든 혼자 사는 왕년의 스타들이 나와 한적한 시골에서 밥을 해먹는 프로그램에서 멈췄다. 한때 TV만 틀면 어디서든 나오던 그들이 이제는 아줌마, 아저씨의 보통 얼굴로 장작을 패고 나물을 씻고 이빨을 쑤시고 고생스러웠던 과거를 남의 일처럼 말했다. 함께 활동했던 어떤 이들은 기획사 사장, 유명 가수, 고참 탤런트로 '선생님'이 되어 있는데, 그 선생님보다 명성 높았던 이 나이 든 청춘들의 마음은 어떨까, 이유 없이 마음이 울렁거렸다.

그러나 나와 동년배인 그들은 내가 엄두도 못내는 음식을 척

척 만들고 무거운 짐을 나르고 호탕하게 웃었다. 한때 가마를 탔던 그들은 지금 당나귀를 타고 있다. 당나귀 탄 모습으로 굳이 방송에 나온다며 못마땅해하는 사람들도 있지만, 가감 없이 자신의 모습을 보여주는 그들의 편안함에 나의 불안은 묘하게 가벼워졌다. 한 번도 가마를 타본 적이 없는데, 우습게도 동지애를 느끼다니.

가마 타던 그들도 당나귀를 타고 여유로운데 당나귀만 타던 나는 왜 늘 불안한 것일까?

이미 씨앗을 뿌린 지 한참이고 풍성한 이웃집 텃밭의 거름을 훔쳐 온들 우리 집 텃밭이 하루아침에 금빛 들녘이 될 리 없다는 것쯤은 알고 있는데, 후회와 불안으로 내 텃밭의 상추도 알아보지 못하고 썩게 하는 일이 생기다니. 몹쓸.

머지않아 인공지능이 노화 유전자를 잘라내 족히 이백 살까지 살게 될 거라는데, 남의 짤랑이는 돈주머니 소리에 귀 기울이고 불안에 떤다면 남은 생은 지옥처럼 살게 될 텐데. 불안이 커져 공포가 되기 전에 그 변이를 잘라내야겠다.

가만 생각해보니 범인 하나가 떠오른다. 평생 나와 함께해온 '센 척', '착한 척', '똑똑한 척', '너그러운 척', '고상한 척', '현명한 척' 등 다양한 종류의 '척'들이다.

'난 그런 데 관심 없어', '그딴 거 하나도 안 부러워' 같은 '안 그런 척'은 깊은 위선과 포장을 양분으로 삼고 있어서 언젠가 그 바닥이 들통날까봐 불안은 더 커지기 마련이다. 젊은 시절을 그렇게 위장하고 살다가 나이를 먹는 순간, 허물어지듯 커다란 불안에 노출되는 거였다.

있는 그대로를 드러내고 살면 '있는 척', '아는 척', '안 그런 척' 하기 위해 드는 경제적 비용과 함께 심리적 수고로움도 덜어낼 수 있었을 텐데. 조바심 내지 않는 사람처럼 보이려다가 진짜 조바심에 빠져버렸다. "끝날 때까지는 끝난 게 아니다"라는 야구 선수 요기 베라(Yogi Berra)의 말은 경기장 안에서만 의미 있는 말이거늘, 경기장을 떠나면서까지 붙들고 있으면 안 되는 거였다.

차라리 경기장을 떠나기 전에 '아는 형님'한테는 대출 이자를 갚기 위해 어떻게 살았는지, '아는 언니'에게는 자녀의 교육을 위해 무엇을 했는지 솔직하게 묻고 그들의 사연에 집중했다면, 뜬금없이 그들의 거름을 빌려와 내 텃밭이 풍성해지길 바라는 마음 따위는 먹지 않았을 텐데. 남의 성공에는 화려한 결과만 있는 게 아니라 상상하지도 못한 '땀방울'이 있다는 걸 알게 되었을 것이고, 막연한 불안보다는 선명한 '취사선택'이 남았을 텐데….

이제 '척'에 숨었던 마음을 햇볕에 잘 말려야겠다. 불안한 마음 한구석 때문에 온통 부패한 마음으로 남은 평생을 살 수는 없으니 솔직한 마음으로 가마 탄 이에게 박수를 보내는 것이 그 첫 번째 걸음이 되겠지, 그러다 보면 내 텃밭에서 자란 상추를 그들과 나누고 그들의 금빛 들녘에 놀러 갈 마음도 먹겠지.

상대평가는 늘 우리를 불행하게 했다. 학교에서도, 사회에서도 그랬다. 남을 기준으로 나를 평가하는 데만 오십 년을 보낸 후유증으로 여전히 남의 소식에 귀 기울이는 데 익숙하고 그 결과로 쉽게 절망하겠지만, 이제부터는 내 손아귀에 있는 보물부터 살펴야겠다. 알라딘은 램프 속 요정 '지니'가 약속한 세 가지 소원만으로도 세상에서 가장 행복한 사람이 되었다. 내가 가진 셋에 감사하지 못하고 열을 가진 사람을 바라보는 습관 때문에 나는 절대적인 안정을 이뤘으면서도 여전히 빈곤하다고 생각하는 것이었다.

그리고 바란다. 하늘에서 일확천금이 떨어지는 일도, 땅에서 천재지변의 숯덩이가 달아오르는 일도 없기를, 당나귀 타다가 가마를 타는 일도, 가마를 타다가 당나귀를 타는 일 역시도.

앞으로도 한 민족으로 똘똘 뭉쳐 국가적 고난을 이겨내야겠지만, '좀 안다 싶은' 사이라도 그들의 전후사정 빠진 화려한 소식에 내 텃밭의 건강한 상추를 잊는 일은 없어야겠다.

오십이 가벼워지는 인생 공부 ③

어릴 때는 "투명 인간이 되면 어딜 제일 먼저 가고 싶니?"라는 질문에 "남탕이요. 여탕이요"를 외쳤다. 그러나 영화 〈인비저블(The Invisible)〉을 보고 '보이지 않는' 건 공포라는 걸 알았다.

보이면, 별거 아니다.
싸움은 보이는 상대와 하는 거다.
보이지 않는 미래랑 하는 게 아니라.

아무리 요란한 다짐을 해도 남이 사는 모습에 눈길이 가지 않는 건 아니다. 특히 자식 문제는 귀를 막아도 들리고 눈을 가려도 보인다. 늦을까, 못할까, 늘 안타깝다.

남들에게 무시당하지 않고 편안한 육체와 여유로운 마음으로 살아가기를 바라는 이 마음은 이미 수십 년 전 나의 부모님이 나를 향해 올렸던 기도의 재방송이거늘.
영원한 존재라 여겼던 부모님은 떠날 준비를 하고, 우리 아이들은 수십 년 전의 우리와 마찬가지로 우산도 없이 저 휘몰아치는 폭풍우로 뛰어가려 한다. 그리고 그 중간쯤에 나는 서 있다.

여든과 스물, 그 사이

햇살 따뜻한 5월의 어느 날, 젊은이들의 생기에 이끌려 인근 대학 안의 카페에 들어섰다. 재잘거리는 목소리와 경쾌한 발걸음 소리에 덩달아 흥겨워진다. 저렴한 커피값에 자리를 차지하고 앉았지만 취업도, 결혼도, 출산도 포기한다는 그들의 유일한 안전지대를 훔친 것 같아 도망치듯 일어섰다.

식당 테이블을 치우고, 세차장에서 자동차를 닦고, 새벽 편의점을 지키는 학생들은 모두 한두 번 해본 일이 아니라는 듯 노련하다. 용돈이나 벌자고 덤볐다면 저리 노련하지는 않을 텐데, 몇 년이나 해왔는지, 앞으로 얼마나 더 그래야 하는지. 모두가 내 자식 같아 자꾸 뒤돌아보게 된다.

지금의 청춘들은 역사상 가장 치열하게 공부한 세대다. 선택의 기회를 보장받을 수 있는 건 '공부'밖에 없다는 부모님의 확고한 믿음에 따라 자연스레 공부 기계가 되었다. 그런데 졸업하고 나온 사회에는 일할 자리가 없다. 열심히 공부하면 성공한다는 부모님의 말씀은 공허한 메아리가 되었다.

우리 자식들은 당연히 우리보다 많은 것을 누리고 살 것이라 예측했건만 지금의 청년들은 아버지 세대만큼도 이룰 수 없는 첫 세대라고 한다. '삼포세대', '오포세대', '칠포세대' 같은 웃지 못할 표현은 회피나 나약함의 표현이 아니라 더 이상 노력에 배신당하지 않겠다는 선전포고라는 걸 기성세대들만 모르는 것 같다. 포기하는 게 아니라 모두 자발적 의지로 거부하겠다는 '4B 운동(비(非)성관계, 비연애, 비결혼, 비출산)'은 또 어떤가.

불확실한 미래에 있는 부와 성공을 좇기보다 편의점에서 맥주를 마시고, 동네를 산책하고, 맛집을 찾아다니는 '소확행(소소하지만 확실한 행복)'에 만족하며 살겠다는 결심을 들으니 가슴에 돌덩이가 내려앉는 것 같다.

아마 그래서이겠지. 좀 살아본, 살아봐서 아는 우리 부모들은 더욱 안달이 난다. 남들보다 월등해야 작은 것이라도 누릴 수 있다고. 이기기 위함이 아니라 살아남기 위한 경쟁을 해야 한다고 말한다. 많은 걸 가진 부모들은 자신이 일군 것을 안전하게 물려

주기 위한 학습 시나리오를 짜고 그렇지 못한 사람들은 교육을 통해 역전의 사다리를 오르려고 하니 모두가 박 터지게 머리 들이밀고 공부 전쟁 중일 수밖에.

"자식 낳고 키우는 일이 이렇게 형벌 같을 줄이야. 자식 키웠던 전생의 기억을 가지고 태어나 자식 낳는 걸 선택할 수 있다면 누가 자식을 낳겠어요." 진한 커피를 마시며 동네 엄마 누군가 그런 얘기를 했던 것 같다. 신은 그래서 전생의 기억을 주지 않은 것이라고 대꾸했던 것도 같고.

자식 걱정이 하루 이틀에 끝날 일이 아니란 것쯤은 이미 여러 번 '속아봐서' 안다. 젖병 떼면, 병치레 끝나면, 입시 끝나면, 취업하면, 결혼하면 끝나겠지 하는 자기 위로에 지쳐갈 때쯤 자식이 손주를 안고 문지방을 넘어 들어오는 게 자식을 키우는 일이라고 했으니까.

쌀 다섯 말의 녹봉 때문에 고개를 굽힐 수 없다며 관직을 버린 중국의 대표적인 전원시인 도연명(陶淵明). 그는 고향으로 돌아가 죽을 때까지 벼슬하지 않고 야인처럼 살았지만 자식 걱정에는 여느 부모와 다를 게 없었다.

도연명은 〈책자(責子)〉에서 자신의 다섯 아들이 하나같이 종이와 붓을 싫어하는 것에 깊은 시름을 표현했다. 열여섯 살인 큰아들 서(舒)는 게으르기 짝이 없고, 열다섯 살인 선(宣)은 도무지

글공부를 싫어하며, 열세 살인 옹(雍)과 단(端)은 여섯과 일곱조차 분간 못하고, 막내아들 통(通)은 아홉 살 다 되도록 배와 밤만 찾는다며 탄식했다. 자신의 운수가 그러하니 그저 술이나 들이킨다고 했다.

〈귀거래사(歸去來辭)〉를 읊던 호탕한 시인은 어디 가고 자식 걱정에 애타는 부모의 마음만 남았는지. 게다가 온통 글공부를 하지 않는다고 걱정이니, 입시에 목을 맨 요즘 부모들과 크게 다름이 없어 보인다. 많은 리더가 마지막 고비를 넘지 못하는 건 늘 자식 문제였으니, 예나 지금이나 벼슬보다 더 무서운 것이 '못 미치는 자식'을 지켜보는 부모의 마음인가 보다.

"꽃 피는 시기가 달라서 그렇지. 벚꽃, 매화꽃, 복숭아꽃, 자두꽃 모두 피고 나면 너무 아름답잖아요. 그저 '앵매도리(櫻梅桃李)'라고 생각하세요. 사람마다 잘하는 게 있음 못하는 게 있고, 부모는 그저 그런 자식을 기다려주고 또 기다려주는 수밖에요."

두 딸을 훌륭하게 키워낸 작은아이 친구의 엄마는 아이에 대한 걱정을 늘어놓는 나에게 그렇게 말했다. 앵매도리. 벚꽃은 벚꽃대로, 매화꽃은 매화꽃대로, 복숭아꽃은 복숭아꽃대로, 자두꽃은 자두꽃대로 자신만의 아름다운 꽃을 피운다는 뜻인데, 어쩌면 이 세상의 엄마들이 도연명보다 한 수 위일지 모르겠다는 생각이 든다.

횡단보도 앞, 서 있는 것조차 쉽지 않아 보이는 한 할머니가 낡은 유모차에 폐지를 가득 담고 주위를 두리번거린다. 제대로 묶지 못한 꾸러미가 흐르지 않을까 염려스러워 다가서니 흠칫 놀라며 빠른 걸음으로 도망친다. 할머니는 혹여 폐지를 빼앗기는 건 아닐까 경계심을 풀지 않는다.

아침 신문에서는 치매를 앓던 할아버지가 흉기로 아내를 살해하고 유치장에서 자식들에게 "네 엄마는 왜 안 왔니?"라며 애타게 아내를 찾았다는 기사를 읽었다. 치매는 행복했던 추억조차 지워버리는, 하늘이 주는 가장 끔찍한 형벌이라는데 그걸 증명이라도 하려는 건지 안타까운 사연에 마음이 아렸다. 늙는다는 건, 병든다는 건 생각보다 만만한 일이 아닌 거다.

강남의 대학 병원. 진료를 기다리는데 노모를 모시고 온 아들이 짜증을 낸다. "아, 기다리라니까 왜 들어와 있어. 말 되게 안 듣네." 노모는 숙제 검사받는 학생처럼 눈치를 보고 아들은 벼슬한 사람처럼 거들먹거린다. 아들의 유세는 계속되고, 어머니는 대꾸도 못하고 앉아 있다. 주위 사람 모두 언짢은 얼굴로 쳐다봤지만 사실 별스러운 장면도 아니다 싶다. 바쁘다는 핑계로

전화 통화 한번 제대로 못하고 그나마도 힘든 얘기만 늘어놓으며 짜증만 부렸던 나의 모습이 오버랩되면서 얼굴이 화끈거렸다. 정도의 차이가 있을 뿐 자식들은 대개 부모가 무슨 큰 죄라도 지은 것처럼, 큰 유세를 떨고 산다. 나도, 나의 자식들도.

길거리에서 폐지를 줍고 치매를 앓고 자식에게 타박 받는 어르신들이 어쩌면 우리 부모님이고 머지않은 내 모습이 되지 말란 법도 없다. 시간은 생각보다 냉정하니까.

작가이자 투자자인 팀 페리스(Tim Ferriss)가 《지금 하지 않으면 언제 하겠는가(Tribe of Mentors)》에서 언급한 것처럼 우리는 하나를 이룬 다음 다른 하나를 이루는 식의 직선적인 방식으로 살아서는 아무것도 지킬 수 없다. 돈을 번 다음 건강을 지키려는 계획, 먹고살 만해지면 가족에게 충실하겠다는 다짐은 휴지 조각이나 다름없다. 가족과 건강은 돌하르방처럼 붙박이로 존재하는 무생물이 아니라서 함께 늙고 끊임없이 변화하고 예측 불가능하다. 팀 페리스는 소중한 것들이야말로 '몰아서 한꺼번에'나 '이것만 끝나면'이 아니라 동시다발적으로 '병렬 처리' 하면서 살아야 한다고 강조한다.

물론 바쁜 세상을 살아가며, 동시에 여러 일을 해내기란 쉽지 않았다. 그러다 보니 자식의 안녕에는 최선을 다하면서 등 뒤에 있는 부모님은 뒷전이 되기 일쑤였다. '부모님이신데, 이해해주시겠지'는 '다음에는 꼭 잘해야지'로 변하고 '바쁜데 뭐, 그것까지 어떻게 해' 같은 핑계로 변해버렸다. 병렬 처리의 목록에서 부모님은 서서히 밀려났던 것 같다.

제각각 꽃피울 날이 정해져 있거늘 아무리 애타게 부채질한들 매화꽃 필 때 자두꽃이 피지는 않을 터, 꽃봉오리 앞에서 시간 보내다 바스락이며 떨어진 낙엽을 제 손으로 태우고 나서야 등 뒤를 돌아보는 것이 인간의 어리석음인 걸까?

화덕처럼 불타는 자식의 마음은 한 발짝 물러서 찬물 한잔으로 식혀주고 미지근하게 식은 부모님의 몸부터 따뜻한 음식으로 덥혀드리는 것이 옳겠다. 큰일 없이 여든 살의 부모와 스무 살의 자식과 오십의 내가 함께 봄, 여름, 가을, 겨울을 나는 것만으로도 큰 축복임을 안다면 말이다.

오랜만에 인근 고등학교로 산책을 나갔다. 마침 손주를 데리고 나온 할머니가 불 켜져 있는 교실을 우두커니 바라보다 혼잣말을 한다.

"우리 애도 공부 참 잘했는데, 속 한번 안 썩였지. 졸업하자마자 대기업에 취직하고. 새벽에 나가 저녁까지 지 애 얼굴도 못 보고 그렇게 악착같이 살더니만…."

손주 보는 게 힘들어 그러신가 싶어 장단을 맞추려는데 함께 나온 이웃집 엄마가 옷깃을 잡아끌며 조용히 속삭인다. "저분이 그분이야. 왜 있잖아. 얼마 전 여기 아파트에 살던 애 엄마가 퇴근하고 갑자기 쓰러져 죽었다고 했던. 그 집 친정 엄마야." 이웃집 엄마 말에 이러지도 저러지도 못하고 있는데 할머니는 역시 혼잣말인 듯 되뇌었다.

"애 엄마도 하고 싶은 거 하고 먹고 싶은 거 먹고 살아, 너무 아득바득 살지 마. 엄마 없으면 애는 거지 신세야. 부모보다 먼저 가는 그 불효는 어쩌고."

할머니 손에 이끌려 집으로 돌아가는 저 아이와 할머니의 중간에 서 있던 어느 여인은 그렇게 애쓰다 양쪽 손을 놓고 안개처럼 사라져버렸다. 더없이 큰 상처를 남기고.

아. 어쩌면 병렬 처리 중 가장 중요한 것은 사랑이란 이름으로 지나치게 나를 희생하지 않는 것일지도 모르겠다. 내 몸과 마음부터 건강히 지켜내야 스무 살 자식의 힘겨움도, 여든 살 부모님의 처량함도 함께할 수 있을 테니.

하고 싶은 거 하고 먹고 싶은 거 먹으면서 여유 있게 오랫동안, 여든과 스물 사이에 머물러야겠다.

오십이 가벼워지는 인생 공부 ④

여든 부모는 오십의 자식도 모자라 스무 살 손주의 안녕을 빈다.
"내가 있는데 엄마가 왜 걱정을 해. 딸 걱정이나 해주셔."
아무리 잔소리를 해도 소용없다.
"네 걱정이 자식 걱정이니, 그 걱정, 내가 하는 게 맞는 거지."

그래. 여든과 오십, 스물은 이렇게 톱니바퀴 같은 것이구나. 맞물려 있지 않으면 굴러가지 않는, 절대 빠져나올 수 없는.

누구나 '누구'와 '누구'의 가운데에 서 있다. 부모이면서 자식이고 선배이면서 후배, 동료다. 한때, 좋은 선후배, 동료와의 황금 인맥은 어중간한 실력보다 성공의 지름길로 여겨졌다. 그런데 부지런히 뛰어다니며 가시넝쿨처럼 만들어놓은 그 인맥으로 인해 누구는 헤쳐나올 수 없는 수렁에 빠지고 누구는 의도하지 않은 부정에 연루된다.

엉켜 있는 실타래는 어딘가를 잘라내고 다시 이어 베틀에 넣어야 쓸모 있는 옷감이 된다. '복잡한 이로움'에서 시작했다면 '단순한 의로움'으로 끝맺는 것이 인연의 좋은 결말 아닐까? 모두에게 좋은 사람이 될 필요는 없다고 했다. '좋은 사람 딱지를 떼야 자유롭고 즐거워진다'라는 독일 속담처럼 썩은 가지를 쳐내야 나무는 건강하게 자란다.

개 같은 인간, OUT

"어휴, 개 같은 인간."
길 가던 사람의 혼잣말을 듣고
강아지가 어미에게 물었지요.

—엄마, 저 말이 칭찬인가요?
"아무렴, 개 같은 인간이라면 좋은 사람이지."
—그런데 표정이 안 좋았어요.
"표정과 말이 다르니 인간이지."
—그리고 비웃었어요.
"인간은 원래 비웃음, 쓴웃음, 헛웃음… 웃음도 복잡한 동물이야."

—말투가 어쩐지 욕 같았어요.

"개는 주인을 무조건 좋아하지. 개는 남을 속일 줄 몰라. 개는 괜히 남을 미워하거나 발톱만치도 속이려 들지 않아. 그러니 개 같은 인간이라면 아주 괜찮은 사람 아니겠니?"

〈개 같은 인간〉_최영재

아동문학가 최영재 시인의 동시 〈개 같은 인간〉이다. 동시라고 하기엔 참으로 멋쩍은 제목이다. 그러나 시인의 묘사대로 '개 같은 인간'은 매우 상위 그룹에 속하는 인격의 소유자일지 모르겠다. 다른 시 〈개의 고민〉에서 '개'는 정신 줄 놓고 있는 인간을 바라보며 이런 생각을 한다.

사람이
개 목줄을 잡고
걸어가다가

호들갑을 떨며
목줄도 내려놓고
휴대전화로 신나게 통화한다

—나 원 참
개는 사람을 두고 혼자 갈 수도 없고
목줄만 끌고 혼자 가기도 창피해

안절부절
우왕좌왕.

〈개의 고민〉_최영재

개는 인간에 대한 도리를 지킬 줄 알고("개는 사람을 두고 혼자 갈 수도 없고") 남의 이목에 신경 쓰는("목줄만 끌고 혼자 가기도 창피해"), 인간보다 나은 존재임을 한 번 더 강조하고 있다. 최영재 시인은 아무래도 '개'를 몹시 사랑하고 오랫동안 관찰해온 것이 분명하다.

사실 개는 겨우 한 가닥 목줄에 묶여 있을 뿐이지만 사람은 보이지만 않았지 더 굵고 더 많은 줄에 묶여 살고 있다. '밥줄'부터 혈연, 지연, 학연 등 수많은 줄에 촘촘히 묶여 있어서 목줄을 잡고 있는 누군가가 정신 놓고 있을 때 잽싸게 끊어내고 도망치기도 힘들다. 인간보다 자유로운 개가 이번에도 '승자'다.

사람은 셋만 모이면 '파'를 만들고 '줄'을 세운다. "사람 능력이야 뭐 거기서 거기지. 끌어주고 밀어주는 사람 없으면 되나"라며 '줄'이 실력이나 사람 됨됨이까지 보장해준다고 했다. 보통의 사람들은 헐떡이며 산을 올랐지만 운 좋게 '금줄'을 잡은 이들은 힘들이지 않고 정상에 올랐다. '줄'은 실력만큼이나 중요한 사회생활의 필수요건인 줄 알았다.

그런데, 초고속 엘리베이터와도 같았던 그 '줄' 때문에 나쁜 일에 연루되어 쇠고랑을 차고 낭패 보는 일이 심심치 않게 목격된다. '이 정도쯤이야', '누군가 지켜줄 거야', '거절하지 못해서' 하고 시작된 일은 눈덩이처럼 커져 진짜 나쁜 일이 된다. 손쉽게 올랐던 만큼 손쉽게 내려온다. '줄'은 좋은 일도, 나쁜 일도, 크게 공들이지 않고 확대 재생산하는 것이다.

악한 사람은 스스로 악행을 저지르고 착한 사람은 나쁜 일을 정확히 구분해내지만 태어날 때부터 '약한' 사람들은 강한 자의 손에 이끌린다. '약한' 사람은 자신의 의지와 상관없이 '공범'이 되고 '악인'이 된다.

"세상에는 친구로 위장한 첩자, 동지로 가장한 적, 이웃을 가장한 모리꾼들이 얼마나 많은지 모릅니다. 오랫동안 알아온 사람이라도 진짜 정체를 알게 되는 건 단 한순간이죠. 그런 사람은 단칼에 끊어내세요."

어쩌다 참석한 금융 관련 강의에서 강사는 젊을 때 고생해서

번 돈, 빌려주고 보증 서고 같이 써버리다가 노후에 쪽박 차는 건 한순간이니 비참한 노후를 맞이하지 않으려면 '엄한' 인연부터 끊어내라고 했다. 노후에는 돈을 '버는' 게 아니라 '지키는' 것인데, 불법을 부추기고 대박을 꿈꾸는 사람과는 상종하지 말라며 핏대를 세웠다. 친구나 친인척에게 호되게 당한 모양이구나, 전문가들도 당하는구나, 참으로 인간적(?)이라는 생각이 들었다.

볕 좋은 날, 오랜만에 만난 옛 상사는 무척이나 경쾌했다.

"요즘 인간관계 정리 중이야. 끈 떨어졌을 때 내 곁에 남는 이들이 진짜배기라더니, 뻔질나게 전화하던 사람들이 연락 한번 없더라고. 이제 맘 맞는 사람들만 보고 사니까 맘이 한결 편안하네."

힘깨나 썼던, 그렇지만 결코 힘자랑하지 않았던 상사는 요즘 새로 소개받는 사람의 명함은 간직하지 않는다고 했다. 불편하고 감당하기 힘든 관계는 아예 시작도 않겠다는 뜻이다.

상사는 사회의 모든 직함을 내려놓은 채 환갑의 나이에 수년 동안 화실에서 화가의 꿈을 불태웠고 결국 대한민국미술대전에서 입상하며 성공리에 화가로 등단했다. 공학을 전공했고 직장인으로 산 날이 삼십오 년인데, 꼬박 일주일을 그렸다는 상사의 한국화는 그냥 산수(山水) 그 자체였다. 육십 년 동안 간직했던 에너지가 산과 바다, 강에서 한꺼번에 쏟아져 내리는 것 같았다.

"앞으로 내가 갈 길에 안 될 거란 소리, 못한다는 소리만 하는 부정적인 사람과 인연을 이어갈 필요가 뭐가 있겠나. 난 요즘 긍정의 답을 주는 사람들만 만나. 내 실력은 내가 이미 아니까. 할 수 있다고 응원해주는 사람을 만나면 그렇게 기운이 나더라고."

제2의 인생으로 가는 길목, 안 그래도 생면부지(生面不知)에, 짊어지고 해결할 일이 한두 가지가 아닌데 심정적인 패배감을 안겨주는 사람, 물리적으로 피해를 주는 사람, 끝없이 자기주장만 하는 사람, 비교하고 평가하고 나무라는 사람들의 부정적인 기운을 굳이 받을 필요는 없을 테니, 과연 옳은 판단이다.

살다 보면 나보다 힘센 사람들에게 부딪쳐 상처를 받거나 원하지 않은 일을 해야 할 경우가 허다하다. 그래도 조직 안에 있으면 나쁜 일에 휘말리지 않을 다수의 제어 장치들이 작동한다. 그러나 조직을 떠나면 좋은 사람, 나쁜 사람, 좋은 일, 나쁜 일 모두가 나의 판단에 의해 결정된다. 변했다는 소리 듣기 싫어서, 거절하지 못해서 예전의 관계를 이어가다 보면 원치 않은 일, 불편한 일, 기분 나쁜 일, 옳지 않은 일에 휩쓸리게 된다.

그럼에도 그들과의 관계를 이어가야 한다면 먼저 '불편'한 상황을 좀 만들어보는 게 좋겠다. '관계'는 회복탄력성이 높아서 상황이 달라져도 처음 맺었던 힘의 구조로 돌아가기 십상이다. 회복탄력성에 밀리지 않으려면 '아닌 건 아니다'라며 기존의 명제와 동일한 크기의 의견을 내고 합의하는 과정을 반드시 거쳐야 한다. 밀리든 밀든 말이다. 우리는 예수와 석가모니의 후손이기도 하지만 히틀러의 후손이기도 하다. 적어도 예수와 석가모니 그리고 히틀러는 구분해야 하고 히틀러의 대학살 명령에 복종한 아돌프 아이히만(Adolf Eichmann)이 되어서는 안 될 것이다.

누구에게나 좋은 사람이 되어야 한다는 강박도 버려야겠다. 누구도 영원히 좋은 사람이 될 수는 없다. 착한 얼굴을 벗어야 그 뒤가 진짜 흰색인지 검은색인지 알 수 있고, 그래야 나를 보는 이들도 가면 쓰지 않고 만날 결심을 할 테니까. 스스로 감독하고 주연해온 '착한 사람' 연기에 이제 종말을 고한다.

어쩌면 개는 생각할 것이다.

'인간들은 이상해. 자기들이 나를 끌고 다닌다고 생각하겠지만 내가 짐짓 끌려가는 척 의리를 지켜주는 건데. 끊어내자면 이까짓 줄 하나쯤이야. 인간들은 절대 끊어내지 못할 줄들을 주렁주렁 달고 살던데. 우리들 눈에는 보이는데 자기들 눈에는 보이지 않나봐.'

개가 2연승.

※ 《누가 보나 안 보나》(최영재 저, 아침마중)에 실린 시 〈개 같은 인간〉과
《개의 고민》(최영재 저, 청개구리)에 실린 시 〈개의 고민〉을 인용했습니다.

오십이 가벼워지는 인생 공부 ⑤

길거리에 버려진 개는 목줄 달고 사는 개가 또 부럽다.
'내게도 목줄이 있었으면.'
목줄 없는 개는 외롭고 배고프다.

모든 인연의 불변의 진리.
불가근 불가원(不可近 不可遠).

오십부터는

잘 먹고,
잘 자고,
잘 입어야 한다

밥, 모두의 하늘

"저녁 먹었니?"

'브렉퍼스트(breakfast)', '런치(lunch)', '디너(dinner)'처럼 각각 아침밥, 점심밥, 저녁밥의 고유한 이름이 있는 영어와 달리 우리말의 '아침', '점심', '저녁'은 '시간', '때'라는 뜻과 함께 '밥'을 의미한다. 시간이 곧 밥인 셈이다. 하긴, 사는 것은 유난스런 포장과 거품을 빼고 나면 하루 세 끼 허기를 해결하고 다시 허기를 해결하기 위해 일하는 것의 반복 그 이상도 이하도 아닐지 모른다.

그래서일까? 먹는 일은 세대의 경제, 문화, 가치를 담고 있다. 호박 한 개, 과자 한 봉지의 가격이 경제 지표가 되고 혼밥족을 위한 신규 비즈니스가 생기고 맛집이 유명 거리를 만들거나 때로는 나라를 대표하는 문화상품이 되기도 한다. 음식은 또한 역사를, 세계를 움직이기도 한다. 아일랜드가 영국으로부터 독립하게 된 건 '감자' 때문이었다. 영국은 식민지인 아일랜드에서 밀을 약탈해갔고 먹을 것이 감자밖에 없는 상황에서 아일랜드에 감자역병이 돌며 기근이 시작되었다. 결국 이것을 계기로 한 독립운동을 통해 아일랜드는 영국으로부터 독립을 쟁취했다. 십자군전쟁이 당시 향신료, 소화제, 정력제, 최음제로 쓰이던 '후추' 때문에 일어났다는 속설도 있다. 후추는 인도에서 생산되어 유럽과 중국으로 공급되었는데 후추의 공급이 끊기자 화가 난 유럽이 전쟁을 일으켰다는 것이다.

지금은 우리 식탁에 아무렇게나 올라오는 감자와 후추가 실은 세계의 역사를 바꾼 주인공이었던 것이다.

TV에도 먹는 것 일색이다. 물에 손 한번 담가보지 않았을 것 같은 연예인이 맨손으로 삼시 세끼를 능수능란하게 해내고 국민 아버지라 불리는 배우가 향토 음식을 소개하고 개그맨이 맛집의 음식을 푸짐하게 먹는 방송은 이제 생활의 즐거운 동반이 되었다. 먹는 것은 정말 중요한 일임에 틀림없다.

'누구와 무엇을 먹을까?' 하고 생각하는 것에서부터 재료를 사고 요리하고 차를 마시고 수다를 나누는 것까지, '먹는' 것은 참으로 위대한 여정이다. 같은 공간에 사는 가족과도 함께 밥을 먹기가 쉽지 않은데 물리적으로 멀리 떨어진 사람과 만나 함께 밥을 먹는다는 건, 당신이라면 기꺼이 나의 시간과 돈을 투자하겠다는, 매우 높은 친밀감의 표현인 셈이다.

동서양을 막론하고 중요한 만남과 헤어짐의 고비마다 사람들은 주변 사람과 함께 먹었다. 상견례, 결혼식, 돌잔치, 대박 기원 고사, 회갑연, 장례식 등 사람들은 음식을 준비하고 함께 먹으며 '이야기'를 나눈다.

영화에도, 드라마에도 음식을 만들고 먹는 장면이 자주 등장한다. 〈그린 파파야 향기(Mui Du Du Xanh)〉나 〈프라이드 그린 토마토(Fried Green Tomatoes At The Whistle Stop Cafe)〉, 〈음식남녀(飮食男女)〉 속의 요리는 흡사 '의식'과도 같다. 한국 드라마 사상 세계적으로 가장 히트했다는 평가를 받는 〈대장금〉은 또 어떤가.

최근에는 영화 〈리틀 포레스트〉를 봤다. 자그마한 외양과 달리 저음의 목소리를 가진 김태리는 도심의 생활을 접고 그토록 벗어나고 싶어 했던 고향으로 돌아간다. 그리고 엄마가 자신에게 만들어주었던 음식을, 엄마의 추억과 함께 야무지게 만들고는 먹어치운다. 영화 속 고향은 햇살이 가득하고 모든 것이 느릿하다. 노동마저도 놀이처럼 느껴질 정도다.

영화 속의 정갈한 음식들은 도시에서는 쉽게 볼 수 없는 특별한 조리법으로 탄생했다. 생밤을 까서 끓이고 설탕을 넣어 또 끓여내는 밤 조림부터 봄꽃 파스타, 크렘 브륄레, 양배추로 만든 전인 오코노미야끼까지, 엄마 역으로 나오는 문소리의 도회적인 느낌과 함께 매우 지적인 음식으로 느껴졌다. 우울한 마음에 시작한 혼영(혼자 영화)이었는데 온몸의 감각들이 깨어나며 어느새 침이 한가득 고였다.

프랑스의 정치가이자 미식가인 브리야 사바랭(Brillat-Savarin)은 "당신이 먹은 것이 무언지 말해달라. 그러면 당신이 어떤 사람인지 말해주겠다"라고 말했다. 나의 몸은 내가 먹은 것들의 결과물이다. 그러니 키, 몸무게 등 기본적인 골격의 완성뿐 아니라 뇌, 위, 간, 신장 등의 장기를 튼튼히 하고 적극적인 삶의 자세를 가지기 위해서는 우선 잘 먹어야 한다. 있는 힘을 다해 위기의 순간을 넘겼다는 사람들의 무용담은 사실 몸 안에 축적된 에너지 덕분이지 정신력만으로는 결코 불가능한 이야기다. 우리의 정신은 그야말로 바스락거리는 낙엽 같아서 육체의 명령에 지배를 받는다. 몸이 정신을 이끌어가는데 그 사실을 정신만 잘 모르는 것이 심신의 권력관계다.

혈기 왕성한 학창 시절에는 하루하루가 먹는 일의 연속이었다. 2교시 후 점심 도시락 까(!)먹고 점심에는 저녁 도시락 먹고 저녁 시간엔 학교 매점 크림빵 먹고 야간자율학습 후에는 시장 떡볶이를 먹었더랬다.

더 어렸을 때는 '많이'보다 '빨리' 먹는 것이 중요했다. 3녀 1남의 우리 집 부엌에서는 늘 '또각또각' 도마 칼질 소리에 '보글보글' 끓는 소리가 났다. 식욕 좋은 아이들 넷의 도시락을 여섯 개나 싸야 했으니 뒤돌아서면 반찬이 바닥났던 게다. 부엌을 책임지고 있는 입장에서 생각해보면 실로 무시무시한 일이 아닐 수 없다. 그러니 비싼 가공식품은 식탁에 오를 꿈도 꾸지 못하고 감자볶음, 무말랭이, 가지볶음, 호박잎쌈 등 자연에서 나온 식재료로 만든 반찬들이 밥과 함께 우리 앞에 놓였다.

어쩌다 소시지나 계란말이가 식탁에 올라오면 먼저 찜한 사람이 임자였다. 우선 밥공기 제일 아래에 묻어두고 형제자매가 다 먹은 뒤 마지막에 '거사'를 치렀다. 가장 맛있는 걸 가장 마지막에 혼자 먹는 기쁨이란. 그렇게 우리 형제들은 엄마의 한결같은 노동으로 밥상 위에 올라온 밥과 반찬으로 건강히 성장했다.

〈리틀 포레스트〉에서 김태리는 정성껏 음식을 만들어 누굴 대접하지 않는다. 예쁘게 상차림 해서 자기가 야무지게 먹는다. 대충 서서 후루룩이 아니라 오물조물 맛있게도 먹는다. 혼자 있는 점심시간이면 나를 위한 요리도 귀찮고 상차림은 더욱 거추장스러워서 라면이든 식은 밥이든 대충 서서 후루룩하고 말았는데 어느 날은 서글픈 생각이 들었다. '사는 건 곧 먹는 거'라는데, 형편없이 먹으면 형편없는 대접 받으며 살게 된다는데. 아들

둘 가신 임마는 부엌에서 사망한다는 우스갯소리도 떠올랐다.

지금은 한 끼 한 끼를 소중히 여기려고 노력 중이다. 그러려면 김태리처럼 자기가 먹을 밥은 야무지게 자기가 할 줄 알아야겠지. 노후의 가장 큰 설움은 밥해줄 사람이 없어서든 밥 사 먹을 돈이 없어서든 배곯는 것일 테니.

코로나19로 삼시 세끼를 집에서 해결하는 사상 초유의 사태가 벌어졌다. 궁하면 통하는 법인가. 냉장고에 남은 식재료로 새로운 '요리'를 탄생시키고야 마는 나의 요리 융복합 능력과, 30여 종의 메뉴를 파는 김밥집과 맞먹을 정도로 빨라진 요리 속도에 스스로도 적잖이 놀라고 말았다. 거창한 정치적 구호나 복잡한 경제 활동보다 나를 위한 상차림이 나의 정체성을 찾는 지름길일지 모르겠다. 그래. 잘났든 못났든, 독립운동을 하는 것이 아니라면 너나없이 자신이 먹을 밥은 자신이 만들 수 있는 '자립' 정도는 해보자. '먹는 일'에 지위나 명예, 권력이 개입해서는 안 될 터. 그저, 앞치마부터 질끈 동여매자.

서울 종로의 낙원상가를 중심으로 탑골공원 쪽은 '낙동파', 인사동 쪽은 '낙서파'로 불린다. 인사동에서는 지갑이 두툼한 어르신들이 한식 코스 요리와 전통차를 즐기고, 탑골공원에서는 지갑이 얇은 어르신들이 이천 원, 삼천 원짜리 국밥에 소주와 막걸리를 마신다. 이천 원이든, 이만 원이든 풍족하게 배를 채울 수 있는 것만으로도 다행임에 틀림없지만 한여름에도 중절모를 멋지게 쓴 낙서파와 한겨울에도 변변한 모자 없이 나선 낙동파 어르신들을 보고 있으면 '낙원상가'라는 이름이 무척 절묘하다는 생각이 든다.

배곯지 않을 무릉도원을 찾아 북한을 탈출했던 탈북 모자가 낙원이라 믿었던 서울 한복판에서 말 그대로 굶어 죽는 일이 발생했다. 탈북민만이 아니다. 여관에 투숙 중인 오십 대 남성이 아사(餓死)하고 육십 대 남성이 동사(凍死)했다는 뉴스가 줄을 잇는다. 사람이 달나라에 가고 차가 스스로 움직이는 세상에 사는데 사람이 굶어 죽다니. 웃지도, 울지도 못할 소식에 가슴이 참 먹먹하다.

김지하 시인은 〈밥〉이라는 시에서 밥은 하늘이라고 했다. 밥이 입으로 들어갈 때에는 하늘을 몸속에 모시는 것이라 했다. 하늘을 혼자 가지지 못하듯 '밥'은 서로 나누는 것이라 했다.

'삼시 세끼'는 사람이라면 누구에게나 당연한 삶의 권리다. 이 땅에서 육칠십 년을 살고도 삼시 세끼를 고민하는 삶을 맞이하게 된다면 얼마나 서러울지. 그러나 기초생활수급자 세 명 중 한 명이 노인이고 그 수는 꾸준히 증가한다고 한다. 앞으로 사십 년 후에는 전체 인구의 40퍼센트가 노인이라는데 누구 하나 배곯지 않고 모두가 공평하게 삼시 세끼, 하늘을 함께 모셨으면 좋겠다.

세상의 많은 불평등이 개인의 노력과 관계없다고 말할 수는 없을 것이다. 하지만 차림새, 사는 곳은 달라도 사람으로 태어나 굶주리는 일은 없기를, 맛있는 것을 잘 먹는 일에 열심이었던 사회의 앵글이 '함께', '나눠' 먹는 일에도 관심을 가지길 기대한다. 그래서 사회의 노후가 좀 더 평등해지길. 밥은 하늘이고 나눠 갖는 것이니 말이다.

'우리, 밥 같이 먹어요.'

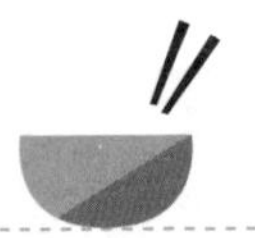

오십이 가벼워지는 인생 공부 ⑥

"엄마, 밥!" 큰아이가 외친다.
"우리, 저녁에 뭐 먹어?" 남편이 묻는다.
"엄마, 주말에 갈비 해주세요." 작은아이가 속삭인다.

밥으로 시작해서 밥으로 끝나는 대화.
그럼, 내 밥은?
하늘은 나눠 가지면서 왜 노동은 나누지 않는 거냐. 도대체.

집에 돌아오면 여행이고 집에 돌아오지 않으면 방랑이라고 한다. 일을 마치고 집에 돌아오면 출근이고 돌아오지 않으면 외박이란다. 그러니까 하루든 며칠이든 몇 년이든 떠난 뒤에는 '집'에 돌아와야 한다.

영화 〈조커(Joker)〉에서 조커는 자신을 코미디 쇼에 직접 초대한 머레이가 자신의 유머를 웃음거리로 만들었다며 생방송 도중 그를 잔혹하게 살해한다.

서울 근무 때문에 지방에서 서울로 이사를 계획하는 지인도 이렇게 말했다. "아, 세상은 정말 나빠. 청춘을 바쳐 장만했는데, 내 집을 웃음거리로 만들다니." 지인은 대체 누구에게 화풀이를 해야 할지.

집은 '사는 곳'인 걸까? '사는 것'인 걸까?

집, 아기 돼지의 벽돌집

집은 물리적인 공간인 동시에 정서적 공간이다. 자연이나 사회의 위험으로부터 신체를 지켜주고 마음의 안식과 위안을 준다. 선생님께 야단맞은 날도, 달리기에서 넘어졌을 때도, 상사에게 억울한 대접을 받았을 때도 현관문을 열고 들어서면 바깥의 걱정들은 그 순간 멈췄다. 집은 밖과 안, 나와 타인을 구분하는 가장 안전한 경계이다.

어린 시절을 보낸 서울 도봉구 수유리 '장미원'에는 늘 엄청난 규모의 장미가 피었다. 동네 아이들은 매일 그곳에 숨어들어 장미를 구경하고 떨어진 장미 꽃잎과 깨진 화분으로 고춧가루를 빻고 장미 덩굴 사이에서 술래잡기를 했다.

몇 정거장만 더 가면 문인들이 모여 산다는 '아카데미 하우스'와 역사적 장소인 '4·19 기념탑'이 있었고 엎어지면 코 닿을 곳에 북한산이 병풍처럼 펼쳐져 있었다.

기억 속의 '우리 집'은 그 모두였다. 하루 종일 장미원에서 놀다가 4·19 기념탑까지 뛰어갔다가 주말에는 북한산 깔딱고개를 날다람쥐처럼 뛰어다녔으니 말이다.

그리고 스무 살이 되던 해, 온종일 따뜻한 물이 나오는 아파트로 이사했고, 지금까지 삼십 년째 아파트에서 살고 있다. 처음 아파트로 이사한 날, 솜이불을 코끝까지 덮지 않아도 된다는 사실에 얼마나 좋았는지. 엄마는 목장갑에 고무장갑까지 끼고 설거지하지 않아도 되었고 아빠는 하얗게 탄 연탄재를 대문 앞에 내놓지 않아도 됐다. 삶은 기적처럼 편안해졌다.

아파트의 냉난방, 보안, 생활의 편리함은 이제 당연한 것이 되었다. 교육과 교통의 요지에 위치한 아파트는 생활 공간을 넘어 소유자의 현재와 미래의 가치를 재단하는 바로미터이자 자격증이다. '어디 사세요?'라는 말은 종종 '어느 정도 사시나요?'라고 의역되며 '역세권', '학군', '종합부동산세' 같은 몇 가지의 간단한 용어로 정리되기도 한다. 집은 '사는 곳'이 아니라 '사는 것', 즉 지위재(地位財)로 탈바꿈했다. 그리고 사람들은 자연에서의 경험, 이웃과의 추억, 골목길의 산책을 잊은 채 마트, 백화점, 쇼핑몰에서 에누리 없는 거래를 하며 살아간다.

사람 많고 땅 부족하고 경쟁 치열한 우리 사회에서 '집'을 소유한다는 건 무거운 걱정거리 없이 내 안의 행복에만 집중할 수 있는 절대 안정을 의미한다. 일찌감치 자기 집을 장만한 이들은 깊이 있게 자신의 일을 찾는 여유를 부리지만 그렇지 못한 사람들은 몇 평의 공간 마련을 위해 결혼을 미루고 하고 싶은 일을 포기한다. 우여곡절 끝에 장만한 집에서 건강하게 자란 아이들은 자신의 집을 찾아 떠나고 다시 남겨진 '집'은 노후 자금, 자녀 결혼 비용, 병원비 등 수시로 뽑아 쓰는 자유 저축이 되어준다. 그러니 대한민국에서 '집'은 한마디로 정의할 수 없는, 수많은 의미를 담고 있는 셈이다.

얼마 후면 자식을 결혼시킨다는 지인은 아들과 대화할 때는 '집'에 대한 화제를 입에 올릴 수 없다고 했다. 어마어마한 집값은 '출발'에서부터 젊은이들의 기를 죽이고 도움을 줄 수 없는 부모에게 무능력의 딱지를 붙이니까.

"달팽이도 자기 집을 가지고 태어나고 까막까치도 집이 있다는데 사람 집은 왜 이렇게 갖기가 힘든 건지"라며 한숨이다. 끝도 없이 달려가는 요즘의 집값을 보고 있자면 아직 결혼까지 한참인 두 아이를 키우는 나의 마음에도 한숨이 내려앉는다.

작은아이와 어린 시절을 함께한 친구들 상당수가 교육 문제로 이사를 했다. 함께 축구하며 뒹굴던 친구들이 사라진 동네에서 아이는 한동안 허전해했고 덩달아 나 역시 불안해졌다. '밥 먹어라!'라는 엄마의 고함소리가 골목길에 울려 퍼지기 전까지 지치도록 친구들과 뛰어놀았고 그 친구들과 고등학교까지 몰려다녔던 우리들에 비하면 요즘 아이들에게 친구의 유효 기간은 너무 짧다. 친구와 비밀을 공유하게 될 즈음 누군가 이사를 가고 또 다른 누군가가 이사를 온다. 반복되는 친구 교체에 아이들은 더 이상 비밀을 꺼내놓지 않고 양보와 배려, 희생을 거둔다. 우리 집이 장미원, 아카데미 하우스, 북한산까지 그 모두로 추억되는 건 그 속에 있던 친구들 때문일 것이다. 우리 아이들에게 마음속 '우리 집'은 과연 어디까지일까?

물리적으로나마 아이들에게도 '장미원'의 추억을 만들어주고 싶은 마음이 간절하지만 냉난방, 보안, 생활의 편리함을 포기할 수 없는 까닭에 그저 TV에서 유행처럼 번지는 '집', '공간'에 대한 프로그램을 챙겨보는 것으로 마음을 대신하고 있다.

요즘, 건축은 '공간의 인문학'이라는 이름표를 달고 국민의 최고 관심사가 되었다. 모 방송사의 '집' 관련 프로그램은 열일 제쳐두고 시청하는 최애(가장 좋아하는) 프로그램이다. 보고 있노라면 흥분되기도 하고 차분해지기도 하고 불끈 용기가 생기기도 한다. 자연을 가득 담은 집, 은퇴 후 삶의 방식에 맞춘 집, 반려

건을 위한 집, 벽 없는 한 칸 집, 해안가에 지은 이동식 가속 수택 등 다양한 방식으로 '사는 일'이, 버릴 것은 버리고 선택할 것은 적극적으로 선택한 이들의 '자기 결정'이 화면 가득 채워진다.

또 하나의 특이한 현상은 1인 가구가 증가하면서 거실, 주방, 서재 같은 공간을 공유하며 살아가는 공동 주택이 보편화되었다는 것이다. 개인 공간은 줄어들었지만 공동 공간은 오히려 세련되고 멋있어져서 모두가 함께 '부자'로 살 수 있다. 부자들만 누리던 공간 복지를 공동의 힘으로 만들어 조금씩 나누는 것이다. 집값 걱정만 하며 한숨 쉬는 기성세대와 달리 언제나 새로운 방법을 찾아내는 젊은이들의 현명한 선택에 절로 응원과 박수가 나온다. 젊음은 언제나 옳다.

세련되고 편리한 이동식 주택, 개조 주택, 공동 주택 등 다양한 형태의 공간이 보편화되어 젊은이들이 '사는 것' 때문에 '사는 곳'에 대해 슬퍼하지 않기를 바란다. 또한 남들의 시선에 불편해하지 않고 과감히 그 집을 선택할 당당함과 용기를 가지기를.

요즘은 남의 집을 엿보는 것에서 나아가 '집 짓는' 일에 상상의 힘을 쏟고 있다. 집을 짓는다는 건 나와 우리 가족의 현재, 미래를 담는 일이다. 생활과 휴식, 일이 공존해야 하니 나와 가족의 욕구를 구체화시키는 일이기도 하다. 언제일지 모르나 앞으로 '지을' 집에 담고 싶은 주제는 '도망'이다. 우선 볕이 잘 드는 다락방과 작은 별채를 그려 넣으려 한다. 다락이 무엇인지 잘 몰랐던 작은아이는 할머니가 숨겨둔 귀한 꼬막 통조림을 다락방에 숨어서 따먹던 엄마의 이야기에 바짝 호감도가 상승했다. 엄마한테 야단맞고 언니와 싸우고 피신했던 다락방에서 결국 꼬막 한 캔에 기분 좋아 내려왔던 그 안락함을 아이들에게 선물하고 싶다. 아이들이 거친 세상에서 피신하고 싶을 때 그 다락방에 몸을 누이고 마음을 달래길, 그리고 별채에서 따뜻한 차를 마시며 새로운 출발을 다짐하길 바란다. 너무 달고 맵고 짠 세상에서 아무것도 하지 않을 권리, 나른해질 권리, 심심해질 장소 하나쯤은 남겨두어도 좋을 테니.

이런 계획에 군인인 남편과 이십오 년 넘게 철원, 인제, 원통의 주택에서 살고 있는 친구는 피식 웃었다.

"서울에서 태어나고 자랐지, 농사라곤 구경도 못 해봤지, 아파트 생활만 삼십 년이 넘은 너에게는 좀 힘든 일이라고 본다. 특히 여름에는 떼로 달라붙는 벌레들과 절대 친해질 수 없을걸."

친구의 현실 조언에 몇 달째 키워온 환상이 반쯤 날아갔지만, 오래된 집을 정성껏 다듬어 아담한 복층을 만들고 옥상에는 파라솔 아래 작은 카페를 만들어 네 식구의 이름이 반짝반짝 빛나는 문패를 단 또 다른 친구의 앞선 실천에 주먹을 불끈 쥐어본다.

늑대는 아기 돼지 삼 형제에게 속삭였다.

"아기 돼지야, 아기 돼지야, 문 좀 열어주렴."
"안 돼요, 안 돼. 절대로 열어줄 수 없어요."
"그렇다면 훅훅 불어서 네 집을 날려버릴 테다."

내가 집 짓기를 모색하는 이유는 이렇다. 비록 나는 돼지였지만, 여우나 늑대로 살지 못했지만 늑대가 열어달라고 해도, 훅 불어버린다 해도 날아가질 않을 견고한 나의 집을 짓고 싶다. 좋은 동네로 이사해 어려운 문제 풀고 번듯한 명함 가지는 일이 인생 최고의 가치라고 아이들에게 가르칠 뻔한 나에 대한 항거라고 나름 포장도 해본다.

칼, 벼루, 총 따위를 끼거나 담아두는 것을 우리는 '집'이라고 부른다. 그 단단한 집에서 칼의 날카로움, 벼루의 현학, 총의 파괴력을 갈고닦을 수 있도록, 그리고 그 집에서 천천히 걸어 나와 정의로운 일에 칼을 쓰고 결정적 한 방을 날리고 올바른 글을 쓸 수 있도록, 그래서 싸우고 이기는 것이 아니라 지키고 평안해질 수 있도록.

나만의 돼지 집을 짓고 싶을 뿐이다.

오십이 가벼워지는 인생 공부 ⑦

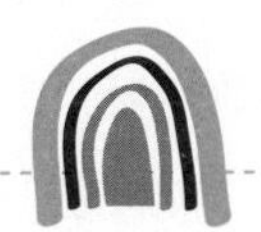

두껍아, 두껍아, 헌집 줄게 새집 다오.
두껍아, 두껍아, 헌집 줄게 새집 다오.

이런 노래를 부르며 모래에 손을 넣고 두드렸다.
요즘 같은 세상에, 헌집 받고 새집 내어줄 사람이 어디 있을까?

아, 여기서 헌집은 자식을 위해 자기 몸을 희생하는 어머니를 말하고,
새집은 자식을 뜻한다고 한다.

천막 같은 옷을 걸치고 나섰더니 다이어트와 운동으로 근육을 빵빵하게 채운 큰아이가 "옷은 몸을 보여주기 위한 거야. 몸을 가리기 위한 것이 아니라고"라며 일침을 가한다.

또래보다 늘 가로세로 한 뼘씩은 더 커서 남들의 시선을 부담스러워 하던 시절에는 온통 가리는 옷만 입더니. 큰아이는 자신과 반대 입장이 된 엄마에게 가슴을 빵빵하게 부풀려 툭툭 치며 말한다.

"내가 입장이 좀 달라졌잖아. 이제 알겠더라고. 세상 최고의 옷은 몸이라는 걸."

옷, Thanks 스티브 & 마크

사람이 생명을 유지하기 위해 필요한 음식과 옷, 집을 우리는 '의식주'라고 부른다. 우리나라에서는 '의(衣)'가 가장 앞에 나오는 반면 영어에서는 '음식, 옷, 집(food, clothing, and shelter)'의 순서로 옷이 음식 다음에 나온다.

우리나라 사람들이 이처럼 입성을 중시하는 건 예의와 체면을 중시하는 유교적 관습 때문일까? 아니면 봄, 여름, 가을, 겨울 등 계절의 변화 때문에 아무래도 다른 나라보다 입는 옷의 역할이 중요하기 때문일까?

어릴 때는 늘 옷을 물려받아 입었다. 언니, 사촌 언니에게 물려받은 옷들이 워낙 많아서 조심성 없이 놀다 무릎이 해어져도

혼날 걱정은 없었다. 치마 입고 머리 땋은 친구보다 커트 머리에 바지 차림인 내가 더 자유로웠던 것 같기도 하다. 그래서 돈 벌어 사고 싶은 것을 사게 되었을 때도 비싼 옷 한 벌보다는 막 입는 여러 벌의 옷에 손이 갔다. 아무리 책상에서 일한다 해도 번들거리는 옷은 불편하기 그지없었으니까. 입사하면서 급히 마련한 정장 몇 벌, 결혼할 때 등 떠밀려 골랐던 예복은 오랫동안 옷걸이에서 나풀거렸다. 아침마다 반듯하게 입어봤지만 먼 사업장을 오가야 하고 잦은 회의에, 외근에, 야근까지 해야 하는 사정이 떠올라 이내 만만한 옷들로 갈아입었다.

외출할 일이 많지 않은 지금은 큰아이가 입던 큼지막한 티셔츠의 소매와 목둘레 부분을 자르고 나름 스티치까지 넣어 재탄생시킨 옷을 입는다. 남 주기에는 머쓱하고 그렇다고 멀쩡한 옷을 버리자니 죄받을 것 같아, 어느새 살이 붙어 불편해진 내 옷 대신 편히 입고 있다. 숨 쉬기 좋고 활동하기에는 더없이 좋다.

수년 전 장기간 병원 신세를 지고 나오니 속옷을 챙겨 입거나 꼭 맞는 옷을 입으면 숨쉬기도 답답하고 소화도 안 되었다. 사실 속옷, 넥타이, 허리띠, 모두가 몸의 자연스러운 흐름을 막고 있는 것들이다. 긴장하며 살 때는 몰랐는데, 병원복을 입은 몸이 자유를 맛본 것. 부러 시작한 '탈코르셋'은 아니었는데, 옥죄는 것들이 없으니 몸의 모든 것들이 자유롭게 흘렀다.

'옷을 만드는 건축가'로 불렸던 마들렌 비오네(Madeleine Vionnet)나 여성 패션 혁신의 아이콘인 가브리엘 샤넬(Gabrielle Chanel)은 색상, 소재, 재단 방식 등 표현하는 모든 것이 달랐지만 여성을 코르셋에서 해방시켰다는 공통의 평가를 받았다. 비오네는 과장된 장식 없이 바이어스 재단만으로도 아름다운 인체미를 표현하였고 샤넬은 활동적이면서도 여성미가 넘치는 옷을 만들었다. 굳이 우기자면 비로소 나도 비오네나 샤넬의 정신을 이해했다고 할까. 당연한 것들이 당연하지 않다는 걸 우리는 자주 잊고 산다.

옷장 정리를 시작했다. 재질이 좋으면서도 유행과 무관한 옷들만 남기고 언젠가는 입을 것 같아 쟁여놓은 옷들을 큰맘 먹고 정리했다. 그러다 옷장 구석에서 손뜨개 옷과 장갑, 목도리를 발견했다. 옷과 장갑은 사십 년 전 엄마의 작품으로 두 언니를 거쳐 내게 온 것이고, 얼기설기 짜놓은 목도리는 그런 엄마를 흉내 내어 큰아이 입학할 때 내가 뜬 것이었다. 서랍 더 아래쪽에서는 엄마에게 물려받은 옷 몇 벌도 튀어나왔다.

디자인에서 판매까지 평균 1~2주에 끝난다는 울트라 패스트 패션 시대에, 한 계절 입고 가볍게 버리는 옷들이 난무하는 세상에 손으로 일일이 코를 넣고 뺀 털옷은 고대 유물 같았다.

젊은 시절의 엄마가 입던 옷은 유행에서 벗어난 듯 보여도 옷감이나 바느질이 훌륭해서 버릴 수가 없었다. 옷 길이와 어깨 모양, 허리 디자인을 조금만 바꾸면 지금의 외출복보다 훨씬 좋은 품질. 게다가 엄마의 옷에는 엄마의 젊고 건강한 모습이 저장되어 있었다. 허리가 날렵하게 들어간 원피스는 엄마에게도 예쁘고 날씬한 젊음이 있었다는 걸 말해주었다.

아이와 남편의 옷까지 정리하니 쌀 포대 두 자루가 나왔다. 헌 옷 수거 회사에 연락해 받은 돈은 만 오천 원. 살 때의 가격은 그 몇십 배, 몇백 배였을 텐데. 우리의 옷이 깨끗이 정리되어 동남아로 수출된다고, 한국 옷은 인기가 정말 좋다고, 캄보디아에서 왔다는 발음도 정확한 직원이 친절히 설명해주었다. 옷값 실랑이를 하지 않으려는 선제공격인 줄은 알았지만 우리 가족이 소중히 입던 옷들이 폐기되지 않고 그 누군가에게 다시 귀한 대접을 받을 수 있다는 생각에 흔쾌히 이별을 고했다.

옷은 선진국에서 개발도상국으로 넘어가 재활용된다지만 결국 세계 의류의 73퍼센트는 땅에 매립된다고 한다. 쉽게 생산되고 쉽게 버려지는 옷들은 환경, 인권, 동물 복지 등 여러 사회 문제의 원인이 되고 있다. 물려 입고 만들어 입던 시절에는 생각지 못한 걱정거리가 생긴 것이다.

사람들도 사기만 하고 입지 않는 옷에 대한 피로를 느끼기 시작했다. 더구나 스티브 잡스나 마크 저커버그가 검은색 터틀넥에 청바지, 회색 티셔츠를 입고 나타나는 바람에 '옷'을 통해서 '부'와 '권력'을 자랑하는 것이 부끄러운 일임을 알게 되었다. 게다가 그렇게 입는 이유가 "업무 이외의 의사결정에 필요한 에너지를 최소화하기 위해서"라고 설명하는 바람에 '오늘 뭘 입지?' 같은 고민은 비생산적이고 저급한 고민이 되어 버렸다.

사실 인간 최초의 옷은 고작 무화과나무의 잎이었다. 아담과 이브가 선악과를 먹고 부끄러움을 알게 되면서 몸을 가리기 시작했고 이후 추위, 더위, 짐승, 적의 공격을 막아내는 방어 목적의 옷이 발달하게 되었다. 계급 사회가 되면서부터는 자신을 위시하기 위해 옷이 점점 화려해지기 시작한다. 고작 무화과나무의 잎이면 족했던 인간이 보석, 장식, 화려한 옷감으로 무장하기 시작한 것이다. 옷이 '보호'가 아닌 '과시'의 수단이 된 것이다.

그런데 IT 기술이 극도로 발달하는 미래에는 원시의 아담과 이브로 돌아갈지도 모르겠다는 생각이 든다. SF 영화 속 주인공들처럼 각종 IT 기기들이 내장된, 입고 꿰맨 듯 달라붙는 옷을 입고 외계인의 침입을 막아내며 살고 있을지도 모르겠다. 세탁도 필요 없을 테지. 무화과나무의 잎을 걸쳤던 아담과 이브처럼 인류가 단벌 신사가 될 날이 얼마 남지 않았다. 헌 옷이 산처럼 쌓여 환경을 오염시키는 일도, 동물을 학대하는 일도, 저임금에 시달리며 옷을 만드는 아이들도 없어지겠지.

그날이 올 때를 대비해서 준비 운동 삼아 스티브 잡스와 마크 저커버그의 의복 철학을 따라볼까 한다. 사실 제 쓰임새를 찾지 못한 옷들이 여전히 장롱을 가득 채우고 있고, 부끄럽지만 동물 털로 만든 옷도 있고, 명품 로고가 큼지막하게 새겨진 액세서리도 가지고 있다. 당장 터틀넥과 회색 티셔츠를 입고 다닐 수는 없으니, 장롱 속 옷과 장신구들이 닳고 해어질 때까지 잘 쓴 다음 필요한 이에게 전달하여 함부로 땅에 매립되는 일이 없도록 할 참이다.

당분간은 시끄러운 오해를 받을지 모르겠다. 나이 들어 허름한 차림으로 나서면 어설픈 대접 받는다는 엄마의 잔소리도 반복해 들어야 할 것이고 궁색하다는 뒷말도 들을지 모르겠다. 그러거나 말거나 알아주거나 말거나 나는 지금 세계를, 지구를 생각하고 있으니까. 나의 이런 대의를 남들이 알아주기는 힘들겠지만 날씬하고 스마트해진 나의 옷장이 훗날 자식들에게 자랑스러움이 될 수 있을지도 모르겠다.

종이는 천 년을 가고 비단은 오백 년 남는다고 했다. 아무리 좋은 옷이라도 한 장 종이만 못한 거다. 미니멀리즘이 존중받으려면 외향의 단순함을 넘어서는 내면의 풍부함이 있어야겠지. 스티브 잡스의 검은색 터틀넥은 그냥 터틀넥이 아니라 창의와 혁신이 빼곡히 코팅된, 역사에 기록될 '위대한' 옷이니까.

화려한 옷, 좋은 옷 몇 벌 젊은 시절에 걸쳐 보았으니 이제는 위대한 옷으로 앞으로의 세월을 코팅해야겠다.

Thanks 스티브 & 마크.

오십이 가벼워지는 인생 공부 ⑧

"야, 옷이 날개네. 아직 죽지 않으셨네. 우리 어머님."
간만에 차려입고 나서니 아들로부터 백만 년 만에 칭찬을 다 듣는다.
학교 면담 가는 길, 천근만근인 속은 모르고.

"자꾸 이렇게 선녀 신분을 드러내면 안 되는데…" 했더니 정색하며,
"아니, 잘 생각해봐. 엄마는 아무래도 나무꾼 쪽 같은데. 에이, 선녀과(科)는 아니시지."
어쩐지….

조금 아는

오십을 위한 한 글자

일, 어차피 희극

칠 년 전, 회사를 그만두었다. 이십 년 넘는 세월 동안 '사랑과 전쟁'을 찍으면서도 놓을 수 없었는데 팽팽하게 당긴 고무줄을 놓듯 훅 돌아섰다. 그런데 막상 그늘에서 땀을 식히고 나니 폭풍우를 피하기 위해 노력하는 사람들의 뜨거운 열정이 다시 부러워졌다. 애쓰며 사는 게 싫었는데 또 그런 옛 모습이 그립다니.

물론 일의 과정이 매번 정당하지는 않았다. 그러나 목표를 향해 뚜벅뚜벅 걸어가는 건 매우 의미 있는 일이었다. 어렵게 완성해낸 일은 짜릿하기까지 했으니까.

하루하루는 고되었지만 결국 '일'은 '축복'이었다. 일할 기회가 있고 함께 일하는 동료가 있고 노동의 대가로 돈을 받으며 자기 발전과 성취를 위해서 노력하는 것은 '기쁨'이었다. 영화배우이자 영화감독으로 무성영화와 유성영화를 넘나들었던 찰리 채플린은 인생은 가까이에서 보면 비극, 멀리서 보면 희극이기에 인생을 멀리서 보려고 노력한다고 했다. 가까이서 안달복달하며 비극만 찍느라 '일'의 소중함을 너무 늦게 깨달아버린 것이다. 아니, 아무리 희극이라 스포일러를 해준다 한들 하루하루 무게가 더해지는 비극을 극복해내기란 범인(凡人)들에게는 쉽지 않은 일이다.

첫 번째 일은 그렇게 깊은 교훈을 남기고 마무리가 되었다. 그리고 칠 년이 지난 지금은 글을 쓰고 있다. 매일 조금씩, 무작정 쓴다. 격려인지 비교인지, 주변 사람들은 사십 대에 등단한 박완서 선생님과 47세에 첫 소설 《창문 넘어 도망친 100세 노인(Hundraaringen som klev ut genom fonstret och forsvann)》을 쓴 요나스 요나손(Jonas Jonasson), 59세에 《로빈슨 크루소(Robinson Crusoe)》를 출간한 대니얼 디포(Daniel Defoe)를 거론하며 늦지 않았다고 어깨를 두드린다. 과연 그런 날이 오기나 할까, 한숨지으며 가사 노동을 투잡으로 하는 사정을 변명처럼 내놓는다. 사실 지금의 일이 '일의 기쁨'을 느끼고, 먹고사는 일에 도움이 되고, 지속 가능한 일이 될지는 잘 모르겠다. 몸은 갱년기인데 머리는 사춘기처럼 의문투성이에 마음은 취준생처럼 불안하기까지 하다.

남편의 친구는 중학교 선생님. 모임 중에 집 변기가 낡아 교체해야 한다고 말하니 대뜸 자신이 해주겠다며 나섰다고 한다. 삼십 년째 학생만 가르치는 선생님이 무슨 변기냐고, 농담 말라 했더니 "내가 아는 사람들 집에 장판도 깔아주고 도배도 해줘. 의자 만들어준 집도 있지, 아마. 변기는 안 해봤지만, 뭐, 좀 알아보면 금방 할 수 있어" 이러더란다. 허세가 심한 것 아닌가 했지만 들리는 소문에 솜씨가 보통은 넘는다 했다.

"나도 몰랐지. 나한테 그런 재주가 있는지, 어느 날 해보니까 그냥 되더라고. 소일거리 생겨서 좋고 남의 고충 해결해줘서 좋고, 일석이조지 뭐. 퇴직하면 본격적으로 나서볼까 싶어."

회사 선배가 우수 농업인으로 선정되었다는 소식을 들었다. 갑작스럽게 회사를 그만두고 낙향해 농사를 짓는다 했는데, 드론을 이용한 농업의 무인 자동화와 인공지능 시스템 구축으로 정부 지원금도 받고 농업인으로 승승장구한다고 했다. 수년째 이장을 역임하며 마을의 해결사 노릇을 한다는데 기차 화통을 삶아 먹은 듯한 목소리에 씩~ 웃는 얼굴이 일품이었던 게 생각나 절로 고개가 끄덕여졌다.

고등학교 때, 《수학의 정석》을 눈으로 풀던 친구가 있었다. 그녀는 연습장 한바닥을 다 채워도 결코 우리에겐 답을 보여주지 않던 미적분 문제를 몇 분 노려본 뒤 쓱~ 답을 써냈다. “이게 어떻게 돼?”라고 물으면 단발머리 단정한 친구는 “몰라 나도. 난 그냥 돼. 이게 안 돼?”라고 물었다. 우리들은 일제히 “아이씨~” 하며 연필을 던졌다. 이런, 몹쓸. 그런 유전자를 어떻게 이기나. 얼굴도 예쁘고 마음도 착했던 친구였는데, 질투할 만한 깜냥도 안 되는 우리들은 언젠가부터 그 친구와 멀어졌다. 세상에 나와 보니 더러 그런 놀라운 이들이 있었다. 빨리 가고 높이 가는 것으로 성적을 매기던 시절에는 그런 이들이 더없이 부러웠던 것 같다.

그런데 요즘은 ‘몸’이 잰 이들이 눈에 들어온다. 때로는 맥가이버 같고, 때로는 발명가 같기도 한 사람들 말이다. 건축, 공예, 인테리어, 요리, 농사일 등을 눈대중으로 익히고 한 번에 완성하는 그들의 손놀림은 실로 신비롭다. 눈앞에서 뚝딱 물건이 탄생하니 경이로울 수밖에.

첫 번째 일과 전혀 다른 두 번째 일을 찾은 사람들, 중학교 선생님이 도배를 하고 회사원이 농부로 변신하는 반전 스토리는 얼마나 매력적인지. 온통 마음을 빼앗겨버렸다. 그들은 첫 번째 일의 연장선상에서 다음의 일을 찾는 사람들과 달리 새로운 세계에 온몸을 던져 풍덩 뛰어든 것 아닌가. 인생은 행동에 의해 만들어지며 지식이나 사상은 행동에 활용하기 위한 것이라 했던가. 이럴 때 쓰는 말인가 보다. 이장을 하는 선배는 그랬다. 그 어느 때보다 살아 있음을 느낀다고. 몸으로 부딪쳐 눈앞에 결과물을 얻는 일이야말로 노동의 가치를 인정받는 가장 솔직한 방법이란 걸 알았다고.

그들의 현란한 손놀림을 신기하게 쳐다보고 있는 나에게 그들도 물었다. "이게 안 돼?" 어라, 어디서 많이 듣던 소리인데?

'네, 안 돼요. 좋아하는 바느질만으로는 옷까지 만들 수 없었고 칼, 가위, 망치는 잘 다뤘지만 도면 읽는 방법을 모르니 복잡한 가구 조립은 엄두도 내지 못했다구요.'

그런데 어느 날 남편이 그랬다. "그 자식은 전공이 물리야. 과학 가르치잖아." 도배, 장판, 변기와 '물리'가 무슨 관계인지는 정확히 잘 모르겠지만, 그런데 약간 속은 것 같은 느낌이 드는 건 왜인지.

회사 선배는 집안이 대대로 농사를 지어서 이미 인생의 반은 농부로 살아온 셈이라고 했다. 회사원이었을 때도 시간 날 때마다 집안의 농사일을 거들었다고. 이번에는 배신감마저 들었다. 단순히 손재주 좋고 촉이나 감이 좋아서 되는 일이 아니었던 것이다. '의지'만으로 되는 일은 없는 거였다. 에이, 그런 거였다.

'나도 모르던 손재주가 있을지도' 하는 마음에 지자체에서 분양한다는 주말농장을 신청하려던 날, 아는 이가 영화 시나리오를 보내왔다. 관객의 입장에서 어떤 느낌인지 봐달라는 단순한 부탁이었고 나 말고도 여럿이 있는 단체 문자방이었으니 특별한 부탁도 아니었는데, 그날 밤 나는 그 긴 시나리오를 꼼꼼히, 단숨에, 여러 번 반복해 읽어버렸다. 읽으면서 어찌나 흥분이 되던지. 15년 전 즈음, 퇴근해 아이 돌보고 새벽 2시까지 시나리오를 필사했던 기억이 오롯이 떠올랐다. 6개월을 그렇게 하루 네 시간씩 자면서 버텼지만 결국 따박따박 들어오는 월급의 유혹을 이기지 못하고 재능 부족까지 깨달으며 손을 놓았는데, 그때의 마음까지 쓰나미처럼 한꺼번에 밀려왔다.

먹고사는 일에 도움이 되고 지속 가능한 일이 될지는 확신할 수 없으나 일의 '기쁨과 희열'을 느끼게 하는 것이 무엇인지 확연히 깨닫는 날이었다. 앞으로의 삶에서 언제 또 그토록 가슴 뛰는 순간을 만날 수 있을까. 그러니 두 번째 일은 거북이처럼 가보기로 했다. 현실적인 제약을 먼저 꺼내놓지도 말고 높은 목표를 세우지도 말고 지속 가능한 일이냐는 무거운 질문도 하지 말고 하고 싶은 데까지, 할 수 있는 데까지 부지런히 걸어가보기로 말이다. 너무 뜨겁지 않게. 다시 그늘이 그리워지지 않게.

이십 대는 나를 선택해준 일에 감사하며 최선을 다했으니 오십 대의 일은 내가 선택한 일에 최선을 다해보고자 한다. 타고난

재능, 잘 다듬어진 재주로 사는 것도 좋지만 앞뒤 가리지 않고 하고 싶은 일 한 번쯤은 시도해본 뒤에 칠십 대를 맞이하고 싶다. 그리고 허락된다면 칠십 대에는 누군가에게 손수건을 건네주는 일에 최선을 다하려 한다.

영화 〈인턴(The Intern)〉에서 칠십 세 인턴 역의 로버트 드니로(Robert De Niro)는 늘 손수건을 가지고 다니지만 자신을 위해 사용하지는 않는다. 그럴거면 왜 손수건을 가지고 다니느냐는 동료의 질문에, 그는 손수건은 누군가의 눈물을 닦아주기 위한 것이라고 말한다.

언젠가는 빌려줘야 할 손수건. 로버트 드니로와는 다르게 남에게 빌려주기 전까지 아끼지 말고 내 이마에 흐르는 땀부터 부지런히 닦아야겠다. 너무 늦었다 자책도 말고 너무 늙었다 부끄러워도 말고.

늦은 나이에, 어떻게 요즘 청춘들도 꾸지 않는 꿈을 꾸냐며 앞으로 많은 이들이 물어올 것이다. 그러면 이렇게 대답할 준비, 되어 있다.

"이게, 안 돼요?"

기어이 오십, 꿈꾸기에 적당한 나이다.

오십이 가벼워지는 인생 공부 ⑨

두 번째 일,
비극을 암시해도 상관없다.
각오, 되어 있다.
풍덩 빠지고 나면 어차피 희극일 것을.

“엄마 어릴 때는 포장마차에서 파는 핫도그가 50원이었어. 아이스크림은 10원이었나? 먹고 나면 혓바닥이 주황색으로 물들었지. 겨울밤에는 찹쌀떡, 메밀묵을 사 먹기도 했었고. 그때는 바나나가 너무 귀해서 일 년에 한두 번 먹을까 말까 했어. 형제가 한입씩 먹기도 했다니까.” 이런 추억 돋는 얘기를 하면 아이들은 그런다.
“우리 엄마 불쌍하다. 가난하던 시절, 얼마나 힘들었을까?”
아닌데, 엄마 가난하지 않았고 불쌍하지도 않았는데. 늘 부족함 없이 먹고 늘 즐겁고 행복했는데.

그래. 그런가 보다. 지금은 절대적으로 넉넉하지만 입버릇처럼 ‘돈 없다’라고 투덜거리는 나는 사십 년 전에는 50원짜리 핫도그와 10원짜리 아이스크림을 먹으면서도 그 누구보다 넉넉했다.

얼마나 있으면 부자고 얼마나 없으면 가난한 걸까? 아이쿠. 꺼내놓고 보니 답 없는 질문이 되어버렸네.

돈, 무한리필 오백만 원

“하늘에서 ‘돈 비’나 내렸으면 좋겠다.”

“야, 그 비는 너한테만 내리니? 비로 내리면 인플레이션 일어나서 안 돼.”

“로또가 최고지.”

“아니야. 한국은 부동산이지.”

조용한 음식점에서 중년의 남자들이 너무 해맑은 목소리로 이야기하는 통에 뒤돌아보지 않을 수 없었다. 나와 엇비슷, 혹은 좀 더 많은 나이대의 그들은 ‘돈’에 대해 말하고 있었다.

일부러 귀 기울인 건 아닌데, 무리 중 한 명은 부모님이 요양병원에 계시고 다른 한 명은 자녀가 유학 중이고 남은 한 사람은 미혼인 듯했다. 돈 들어갈 데가 너무 많다며 한숨인 두 친구와 달리 미혼인 친구는 땅이며 연금이며 파생 상품이며 여러 가지 노후 대책을 이야기했다.

"야, 자식아, 우린 모르냐? 그럴 돈이 없다니까. 알아도 못해요. 우리는."

그리고 두 친구는 미혼인 친구에게 세상 걱정 없어 좋겠다고 부러워했다. "야. 난 가족이 없으니까, 나라도 날 챙겨야지. 돌봐줄 가족 있는 니들이랑 같냐?"

이유 있는 항변이다 싶지만 미혼인 친구가 모르는 게 있다. 가족이 돌봐주는 노후가 요즘 과연 있기나 할지. 얼마 전 TV의 요양원 탐방 프로그램을 보며 작은아이가 물었다. "저 할머니들은 왜 다 저기 모여 살아? 가족이 없어?" "응, 가족이 있어도 가족이 돌봐드리기 너무 힘든 때가 있거든. 그럴 때 가는 거야" 했더니, "그럼 엄마도 갈 거야?"라고 물었다. '너희가 보내면 가게 되겠지?'라고 무음의 답을 했었는데.

그렇다. 요즘은 가족이 아니라 돈이, 공공 시스템이 노후를 함께한다. 식당 안의 중년 남자들은 아직 모르는 게 많은 것 같다.

그런 생각에 젖어 있는데 늦게 도착한 후배가 시꺼먼 얼굴로 앞자리에 앉는다. 친척이 은행의 고수익 상품에 투자했다가 노후 자금 2억을 몽땅 날린 후 잠도 못 자고 밥도 못 먹는다 해서

들렀다 오는 길이라고 한다. 은행 앞에서 시위를 하다가 이내 몸져누웠다고.

"고생해서 번 돈 불리지는 못할망정, 저렇게 다 날렸으니. 이를 어쨰요. 노인 빈곤, 독거노인 얘기가 남 얘기가 아니었어요. 법으로 싸워도 별수가 없다는데. 우리 삼촌 불쌍해서 어떡해요, 언니."

안타까운 사정에 듣는 마음이 편치 않았다. 그리 부유해 보이지도 건강해 보이지도 않는 어르신들이 피켓을 들고 시위하며 땅바닥에 드러눕는 장면을 뉴스에서 보았다. 열심히 살았는데. 노력은 배신하지 않는다던 공식은 망해버린 것일까? 노력해도 가질 수 없으니 평생 돈에 경외심을 가지고 살라는 신의 계획인 걸까? 아니면 너무 쉽게 고수익을 바란 대가일까? 돈은, 기회는 평등하고 과정은 공평하며 결과는 정의롭지 '않은' 최고의 위치에 서서 우리를 바라보고 외친다. "어디 한번 날 가져봐."

통계에 따르면 한국인은 28세부터 버는 돈이 쓰는 돈보다 많아지는 흑자 인생이 시작되고, 45세에 소득이 생애 최고 수준에 이르다, 59세부터 소비가 소득을 웃도는 '적자 인생'으로 돌아선다고 한다.

후배의 삼촌은 환갑을 넘기며 자녀 결혼과 부인 병원비에 많은 돈이 필요했고 급한 마음에 생전 해보지도 않았던 투자를 하고 만 것이다. 그것도 고수익을 보장한다는 파생 상품에.

한창 일할 때인 삼사십 대에는 많지는 않지만 성실하게 들어오는 월급이 있으니 그런대로 맞춰 살 수 있었다. 그러나 오십 대 중후반이 되면 자식과 부모님을 위해 써야 하는, 예상치도 못한 돈이 필요해진다. 마음이 급해진다. 후회도 생긴다.

사실, 지금의 오십 대는 서울 아파트값이 세 배 이상, 코스피는 400퍼센트를 뛰어오르며 집을 장만하는 순간, 주식에 손대는 순간 큰 손해 없이 재테크가 가능한 시대를 살았다. 그러니 여유 자금이 없어서 타이밍을 놓쳐서, 부동산으로도 주식으로도 돈을 불리지 못한 사람들은 상대적으로 더 큰 무능감과 박탈감에 시달린다. "남들 대박 칠 때 넌 뭐 했니?" 심적인 코너에 몰린 사람들은 뒤늦게 각종 고위험으로 버무려진 유혹에 빠진다. 가난한 노후란 재앙이라는 걸 잘 알고 있으니까.

얼마 전만 해도 자신이 중산층이라고 생각한다는 사람이(실제로는 그렇지 않다 해도) 대부분이었지만 요즘은 모두가 자신은 가난하다고 말한다. 국민 소득 3만 달러 시대, '플렉스(Flex)'를 떠드는 세상인데 아이러니하게도 '가난'이라니.

대한민국 성인 남녀를 대상으로 조사한 어느 설문조사 결과에 따르면 응답자의 절반 이상이 '나는 가난하다'라고 말했다. 그

린데 그 중에는 연봉 1억 원 이상, 서울 강남에 살며 외제차와 국산 대형차를 보유한 사람도 있었다. 게다가 '얼마가 더 있어야 부자라고 생각하느냐'라는 질문에는 10억~100억 원이라고 답하는 사람이 가장 많았다고 한다. 그러니까 음식점에서 만난 중년의 세 남자 모두 틀렸다. 요즘의 '부자'는 로또로도 부동산으로도 결코 닿을 수 없는 곳에 있다.

가난의 느낌은 상대적인 것이라 그 누구도 명쾌하게 단정할 수는 없다. 그러나 고액 연봉에 좋은 집, 화려한 차를 타고 다니는 사람이 '나는 가난하다'라고 입버릇처럼 말한다면 물어보고는 싶다. 혹시 드라마 〈시크릿 가든〉의 재벌 김주원처럼 매일, 매분, 매초 국내외 통장 잔고가 불어나기 때문에 자신의 통장에 얼마가 있는지 모르는 거 아니냐고.

그리고 나에게도 묻는다. 정말 쓸 돈이 없는 것인지, 쓰지 않아도 될 곳에 쓰고 있는 것인지.

상대적인 가난이 있으니 상대적인 부자도 있을 텐데, 아무리 주변을 둘러봐도 '나는 정말 부자'라고 커밍아웃하는 사람은 찾아보기 힘들다. 부자라고 생각되는 기대 수준은 있지만 막상 그 기대 수준에 도달하면 그 누구도 자신이 부자라는 생각을 쉽게 하지 않는 것이다.

그렇다면 행복한 노후를 위해 필요한 돈은 얼마 정도일까?

드라마 〈동백꽃 필 무렵〉에서 천만 안티를 가진 야구선수 강종렬은 마을 총각 용식이와 결혼하는 필구 엄마 동백이에게, 십만 원을 써도 오백만 원이 남아 있고 오백만 원을 써도 오백만 원이 남아 있는 '무한리필 오백만 원 통장'을 건넨다. 아들 필구가 클 때까지 서포트한다면서.

작가는 어쩌면 천만 원도 아니고 일억 원도 아니고 적당히 많고 적당히 적은 돈, 오백만 원을 생각해냈을까? 받는 사람이나 주는 사람이나 지나치게 마음 상하지 않고 거들먹거리지 않아도 되는, 오백만 원.

한 번에 오백만 원을 넘게 쓸 수는 없지만 쓰고 나면 다시 오백만 원으로 채워지는 마법 같은 통장. 사람의 본성이 돈과 화학작용 할 수 없는, 선(善)과 선(line)을 지킬 수 있는 현명한 금액. 오백만 원. 게다가 무한리필이라니.

사실 돈은 사람 안의 무시무시한 본능을 꺼내는 열쇠와도 같아서 그 분출을 맛본 사람들은 적당한 선에서 문을 닫기가 쉽지 않다. 더 많은 것을 소유하고 싶고 더 큰 권리 행사에 매혹당하기 마련이다.

그러니 동백이처럼, 나의 본성이 딱 오백만 원에서 멈출 수 있는, 안전한 노후를 보내고 싶다. 더 큰 목돈은 병원비 아니면 불의의 사고로 드는 돈일 테니, 요란스러운 허세는 잘라내고 절제되고 안전한 노년을 보내고 싶다. 그것이 많지 않지만 소중한 돈을 지키는 일이며, 생을 마감할 때까지 쓸데없는 본능과 소유욕에 현혹되지 않는 일이며, 심각한 불행을 현명하게 막아내는 길이기에.

그런데 문제는, 나에겐 야구선수 강종렬이 없다.

물론 앞으로의 삶에 '잭팟'이 터져준다면 굳이 마다할 생각은 없다. 그때는 강종렬이 아니라 자기 통장에 얼마가 있는지 모르는 재벌 김주원으로 살아볼 의향도 충분하다.

아니, 아니다. 시인들의 시인이라 불리는 백석. 시인 백석을 사랑했던 여인 김영한은 1997년 당시 천억 원 가치의 고급 요정 대원각(길상사)을 법정스님께 시주하며 말했다.

"그깟 천억 원, 백석의 시 한 줄만도 못 합니다."

잭팟은 이런 사람들에게 터져주는 게 맞겠다.

조만간 성북동에 있는 길상사를 방문해야겠다. 길상화(김영한의 법명) 보살의 배포 큰 사랑과 그곳에 머물렀던 법정스님의 '무소유'를 배우러.

오십이 가벼워지는 인생 공부 ⑩

돈 자랑은 할 자랑이 없을 때 하는 거라고 부모님이 말씀하셨다.

좋은 말과 행동을 뽐내는 어른,
매끈하고 통통한 지식을 가진 어른,
그것도 힘들 때 남는 게 돈 자랑인데….

사실, 돈 자랑이 제일 어렵다. 아니, 해보고 싶다.

어느 대학교수가 우리나라 고등 교육은 어떻게 하면 학생들이 체계적으로 모든 학문에 흥미를 잃게 할지 고민해서 나온 결과물 같다고 말했다. 그런 것 같기도 하다. 중학생 때는 제발 자라고 들볶는 엄마의 눈을 피해 세계 명작 소설과 문고판 책을 끼고 살았는데, 고등학생이 되어 입시 준비를 하면서 책에 흥미를 완전히 잃었던 기억이 있다.

미켈란젤로가 피에타 상(성모 마리아가 죽은 예수님을 안고 있는 조각상)을 스물세 살 때 조각한 것이라는 기사에는 '저 땐 수능이 없었지'라는 댓글이 달렸다.

살면서 명쾌하게 느낀 단 하나는 책 읽는 사람이 마지막 승자라는 것이다. 글을 읽어야 깊이 있는 지식도 생기고 좋은 대학도 가고 회사 일도 잘하고 아름다운 사랑도 할 수 있고 윤택한 노후도 즐길 수 있다. 세종대왕은 참 여러모로 훌륭한 조상이다.

책, 진짜 권력의 길

소설가 장정일은 《장정일의 독서일기 1》에서 자신이 읽지 않은 책은 이 세상에 없는 책이라고 말했다. 톨스토이의 《전쟁과 평화》가 이 세상에 존재하기 위해서는 다른 누구도 아닌 바로 자신이 그 책을 읽어야 한다는 것이다. 한 권의 낯선 책을 읽는 행위는 곧 한 권의 새로운 책을 쓰는 일과 같으며 그렇게 모든 독자는 자신이 읽은 모든 책의 양부(養父)가 되고 의사(비슷한) 저자가 된다고 말했다.

옳소이다. 내가 모르면 존재조차 하지 않는 것이다. 하지만 내가 그들의 이름을 불러주면 그들은 내게로 다가와 아름다운 꽃이 된다. 책 한 권을 읽으면 그 책은 큰 힘들이지 않고 세상에 태어난다. 그렇다면 나는 얼마나 많은 책을 낳았을까?

곰곰이 따져 보니 다산(多産)은 되지 못하는 것 같다. 한 분야를 집요하게 파고든 두꺼운 책은 완독할 엄두를 내지 못하고, 늘 마음만 바쁜 성격이라 반쯤 읽다가 다른 관심사로 넘어가기 일쑤다. 그저 책 제목과 목차, 작가 소개, 서문만 대략 훑고 요즘 어떤 주제가 유행인지를 익히는 일에는 취미가 있다. 오랜 직장 생활을 하며 '사는 데'는 깊이보다는 넓이가, 논리보다는 영감이, 정의보다는 적합성이 쓸모 있다고 생각한 까닭이리라.

넓이와 영감, 적합성을 얻는 나만의 습관은 바로 '책방 앞문으로 들어가 뒷문으로 통과하기'이다. 소설, 에세이, 자기계발, 음악, 역사, 요리, 외국어, 참고서, 잡지 등 서가에 놓인 책들의 이미지를 후루룩 국수 넘기듯 통과시킨다. 그 중 눈길을 끄는 책 앞에서 조금 더 머물다 마트로 향한다. 먹을 것을 사기 전에 책방을 관통하고 나면, 일주일을 살기 전 주말에 교회나 성당, 절에서 거룩하게 기도하고 불공을 드리는 느낌이 든다고 할까?

사실, 책방을 아이쇼핑하듯 들락거리는 이유는 '불안' 때문이다. 남들은 뛰어가는데 나만 뒤처져 있나, 나만 너무 무식한가, 나만 너무 메말라가는 거 아닌가 하는 불안이 늘 나를 괴롭혔다. 책방에 들어서는 순간 불안은 눈 녹 듯 사라진다. 수많은 책에 박힌 글들이 알알이 날아와 머릿속으로 저장되는 것 같은 느낌. 단순하고 무식하게 살고 있는 일상이 희석되면서 알 수 없는 흥분이 차오른다. 뇌가 예뻐지고 환해지는 느낌이랄까.

그런데 이런 알 수 없는 느낌이 허상만은 아니라고 한다. 물리적으로 책과 가까이 있는 것만으로도 지적 능력을 높일 수 있다는 연구 결과를 읽었다. 호주와 미국의 연구진은 책이 '읽는 사람'에게만 도움이 된다는 통념을 깨고 그 존재만으로도 학업 성적이 오를 수 있다는 연구 결과를 내놓았다. 책이 많은 집에서 자란 사람들의 언어, 수학, 컴퓨터 활용 능력이 뛰어나다는 것이다. 진짜로 책 속의 문자가, 종이의 향기가 어떤 마술을 부리는 건 아닐까? 그러니 '책방 앞문으로 들어가 뒷문으로 통과하기'는 나름 이유 있는 행동인 셈이다.

물론 지루함을 견딜 수 없는, 보기에도 무시무시한 책이 많지만, 그래서 아직 책 읽는 즐거움을 충분히 느끼지 못하고 있지만 그 또한 바쁜 시절, 책에서 해답을 찾기보다는 술과 남에 대한 험담에 의존하던 나쁜 습성 때문임을 깨닫고 반성 중이다. 사실 책이 지루하고 무시무시한 이유는, 책은 내가 모르는 것이 많다는 것을 일깨워주기 때문이다. 영어 공부한다고 미국의 시사 주간지 〈타임〉을 펼쳤을 때의 불편함이라고 할까. 영어 사전이 없으면 한 문장을, 한 페이지를 넘어가지 못했던 그 답답함이란. 결국 던져버리고 《성문 종합영어》를 다시 펼쳤던 것처럼 어려운 책은 두 세장을 넘기기 힘들다. 진짜 공부는 무지를 발견할 때 시작된다는데 그 고비를 넘는 도전보다는 포기를 선택하니 안타까운 노릇이다.

사실, 인간이 인간답게 살 권리를 얻게 된 것은 모두 '책' 때문이다. 노예제가 폐지되고 여성의 참정권이 생기고 인류가 각종 질병에서 해방되고 과학의 발전으로 윤택한 삶을 누리고 있는 것은 모두 책의 힘이었다. 소수가 독점하던 '지식'이 책을 통해 비로소 대중에게 허락되었고 대중의 지적 능력을 높이는 데 지대한 공을 세웠다. 그러니 역사가 쌓일수록, 문명이 발전할수록, 인간의 삶에 두꺼운 결이 생길수록 역사, 철학, 과학, 심리를 다룬 책들이 복잡해지고 두꺼워지는 건 당연한 일. 어려운 책들이 많다는 건 그만큼 발전된 나라에 살고 있다는 희망적인 신호이기도 하다. 사람이 책을 만들고 책이 사람을 만드니까 말이다.

다행인 것은 요즘 각종 매체에 어려운 책에 대한 거부감을 없애고 이해를 돕는 선한 프로그램들이 생겨나고 있다는 것이다. 좋은 책을 추천하고 작가의 집필 의도를 소개하고 주요 문장을 뽑아주는 프로그램 서너 개가 눈에 들어온다. 유명 작가들이 대학가 서점, 동네 책방을 찾아 북 토크를 여는 걸 보고 나면 당장이라도 서점에 달려가고 싶은 생각이 든다. 어려운 책은 자세히 설명해주고 읽었던 책은 먼 기억을 소환해주니 현학에 대한 허세가 스멀스멀 피어오른다.

사실, '현학적 허세'는 꼰대가 되지 않을 필요충분조건이다. 사람들이 어떤 것에 관심이 있는지, 세상은 어떤 생각을 하는지, 미래는 어떻게 변하는지, 과거의 왜곡은 왜 생겨났는지에 아무런 관심이 없어지는 순간이야말로 나이만 많은 부자가 되는 순간이니까. 남들도 다 아는 소리를 반복하면 '꼰대'이고 같은 이야기도 다양한 근거와 배경지식을 버무리면 '지혜'가 된다. 진짜 권력이 된다.

건강한 사회는 읽은 책만큼의 값을 받는 사회일 것이다. 나이가 들어 누구는 노인이 되고 누구는 좋은 어른이 된다. 세상에 공짜는 없는 법이니까.

젊었을 때는 먹고사느라, 마음이 뜨거운 외골수라 가까이할 수 없었던 책들을 한 뼘 가까운 곳에 두는 것이 나이 먹는 첫 번째 준비물이 되겠다. 사는 일은 코미디, 멜로, SF, 신파, 공포 등 모든 장르가 생중계되는 일이니 어느 한 분야만 고집할 게 아니라 두루두루 관심을 가지는 것도 좋겠다.

사실 요즘 고민은 책 내용의 어려움이 아니라 '신선함' 때문이다. 수십 쪽이 넘어가서야 묘한 기시감이 느껴지고 이내 깨닫는다. '아, 이 책은 내가 읽었던 책이로구나.' 죽어라 외우기 싫었던 영어 단어는 까먹지 않는데 감명 깊게 읽었던 책 내용은 왜 까먹는 건지, 이불 뒤집어쓰고 초롱초롱한 마음으로 읽었던 《톰 소여의 모험》이나 《플랜더스의 개》 같은 명작 동화도 처음 보는 책 같으니 참으로 알다가도 모를 일이다. 모든 책이 읽을 때마다 새로우니 웃어야 할지, 울어야 할지.

비록 망각의 신이 너무 자주 찾아와 매번 도돌이표를 찍어야 할지라도 진짜 권력의 길로 나서는 데 망설임이 없어야겠다.

오십이 가벼워지는 인생 공부 ⑪

노안으로 책을 읽기가 힘들다고 했더니 누군가 옆에서 요즘은 이북(e-book), 오디오북이 나와서 시간이 없어서, 노안 때문에 독서를 즐기지 못한다는 소리는 하지 말라고 한다.

반짝이는 어른이 되는 그 권력의 길에 젊은이들이 만들어놓은 수많은 애플리케이션이 동반해줄 것이다.

똑똑한 젊은이와 현명한 어른이 서로의 길에 빛이 되어줄 것이다.

"엄마, '말 한마디로 천 냥 빚을 갚는다'라는 말이 왜 좋은 말이야? 천만 원이나 꾸었으면 돈으로 갚아야지. 왜 말 한마디로 갚아? 그거 사기 아니야?"

작은아이의 돌발 질문에 뭐라 대답해야 할지. 인터넷을 뒤져 "돈은 아무래도 좀 부담스럽지? 이런 말도 있는데. '말이 고마우면 비지 사러 갔다가 두부 사온다' 이건 이해가 돼?"라고 말해본다.

작은아이는 엄마의 설명에 눈을 동그랗게 뜨며 다시 되묻는다. "그러면 엄마한테 혼나는 거 아냐? 사오라는 걸 사와야지."

전적으로 동감한다. 돈을 꾸고 말로 갚으면 다툼이 일어난다. '말'에 지나친 무게를 실으면 그 무게에 자신이 쓰러질 수 있다는 걸 초등학생 아들은 이미 알고 있는 것 같다.

말, 세 치 혀는 이 사이에 여미고

지난 2019년에는 키 큰 펭귄 '펭수'가 대세였다. 펭수의 명언이 화제가 되고, 에세이 출간에, 2019년 올해의 인물로 선정되기도 했다. 게다가 예능뿐 아니라 각종 행사 섭외 1순위에, 캐릭터 상품이 나오고 다수의 광고까지 찍었다.

펭수는 안경 쓴 뽀로로와 달리 큰 흰자위에 작은 검은자위가 그대로 드러나 데뷔 당시에는 거부감이 든다는 의견이 많았다. 무슨 캐릭터를 이렇게 '막' 만들었냐며 '말'들이 무성했다. 그런 펭수가 자신만만하게 춤을 추고 랩을 하고 요들송도 부르자 거부감은 친밀감으로 변했고, 직장인의 애환을 달래며 따뜻한 위로를 건네는 모습에 팬이 되었다는 사람들이 생겨났다. 사랑하면 아름다워 보인다던가. 펭수는 온 국민의 눈에 사랑의 눈꺼풀을 씌웠다.

반대의 경우도 있다. 큰 키에 훈훈한 얼굴, 멀쑥한 차림의 청년들이 카페로 무리 지어 들어섰다. 어쩌면 저렇게 훤칠할까, 얼굴도 모르는 그들의 부모가 부러웠다. 그런데 그들은 앉자마자 주위도 아랑곳하지 않고 큰소리로 떠들어댔다. 단어 몇 개만으로도 대화가 가능하다는 걸 그때 알았다. 주로 감탄사에 가까운 욕들이었고 대부분 돈, 여자, 먹는 것에 대한 것이었는데 옆에서 주워듣기에도 민망했다. 오호통재라. 저런 외모를 저런 말들로 깎아먹다니. 그들의 마음이 하얀색인지 까만색인지, 결정적인 순간에 얼마나 정의로울지는 모르겠지만 들리는 말솜씨로만 보면 그들은 그저 시꺼먼색 이상도 이하도 아니었다. 비호감 외모의 펭수는 호감의 아이콘이자 2030세대의 대변인이 되었는데 번지르르한 청년들은 눈살을 찌푸리게 할 뿐, 더 이상 수려해 보이지 않았다.

보이는 대로 보고 들리는 대로 듣게 되는 수동적 입장의 눈, 귀와는 달리 '입'은 자신의 의지로 움직일 수 있는, 유일하게 능동적인 기관이다. 듣고 본 것을 체에 거르지 않고 그대로 입 밖에 내었다가는 자신도 궁지에 몰리고 상대방까지 지옥에 빠지는 참담한 결과를 낳는다. 부부, 부모와 자식, 직장 상사와 부하,

이웃 간에 큰 상처를 입는 건 실질적인 문제의 크기보다도 '말'이다. 돈, 공부, 건강, 재산, 층간 소음 문제, 업무 갈등 등은 사실 쪼개고 헤쳐 보면 별거 아닌데 '말'이 뇌관이 되어 활화산으로 터진다. 세 치 혀는 여섯 자 사람의 몸도 베어버리는 무서운 무기임에 틀림없다.

삼사일언 삼사일행(三思一言 三思一行). '한 마디 말하기 전에 세 번을 생각하고 한 번 행동하기 전에 세 번을 생각하라'라는 조상님의 당부도 있고, 폴란드에는 '셔츠는 다리 사이에 단단히 여미고, 혀는 이(齒) 사이에 단단히 여며라'라는 속담도 있지만 말은 머리에서 한 번을 생각하기도 전에 혀를 차고 나가버리기 일쑤다. 이치에 맞지 않는 말, 도리가 아닌 말, 상황에 맞지 않은 말들이 머리를 떠나 입을 통해 술술 떠내려가고 있다는 걸 알면서도 거둬들일 수 없는 순간이 종종 있다. 아뿔싸. 주둥이를 쳐보지만 물은 엎질러질 대로 흥건히 엎질러진 상태. 말을, 입을 단속하는 건 군자의 영역임에 틀림없다. 게다가 '위해서'라는 이름 아래 상대에게 얼마나 많은 위해(危害)를 가하는지.

"이 차장. 뭘 그렇게 많이 먹어? 보는 내가 다 덥네. 살 좀 빼."

후배의 회사 전무는 부서원 '이 차장'에게 종종 이렇게 말하고는 분위기가 얼어붙는 것 같으면 "자네 건강을 위해서 하는 소리야. 연말까지 10킬로그램만 빼. 그 정도 의지도 없어서 어떻게 직장 생활을 하나"라며 정점을 찍는다고 한다.

"언니, 숟가락 뜨는데 사람들 보는 앞에서 그만 먹으라고 하는 게 말이 돼? 스트레스 받아서 찌는 줄은 모르고. 그게 상사가 할 말이냐고."

밥 먹을 때는 개도 안 때린다는데 후배네 회사 전무님은 너무 바빠서 인간에 대한 기본적인 예의를 배우지 못한 듯하다. 아무튼 '이 차장'은 그 이후 점심을 거르고 회사 헬스클럽에서 운동을 한다는데, 전무님과 한 테이블에서 밥을 먹기 싫은 이유 반, 억울해서 빼고 만다는 결심 반이라는데, 이걸 '덕'이라고 해야 할지, '탓'이라고 해야 할지.

'내가 해봐서 아는데', '해도 되는 말일지 모르겠는데'라며 남의 사정에 감 내놓아라, 배 놓아라 하는 분들, 왜 공들여 키운 남의 집 감과 배에 눈독을 들이는지. 그러고는 마음에 넝쿨을 만들어놓고 떠난다. '널 위해서 그런 거야'라는 말을 남기고.

'모호한 말'도 옳지 않다. 나이가 들수록, 지위가 높을수록, 권력이 클수록, 돈이 많을수록 자신의 '의도'만 중요하지 그 말이 상대에게 어떻게 전달되어 어떤 결과를 낳을지는 생각하지 않는다. 지위, 권력에 '나이'까지 많은 이들은 '거시기 화법'으로 말한다.

지인의 시어머니는 '이번 생일은 몸도 아프니 그냥 넘어가자'라고 했으면서 나중에 섭섭함을 전달하는 것이 한두 번이 아니라고 했다. '넘어가자'의 진위를 알아듣지 못했다는 것이다. "아니, 그걸 내가 어떻게 알아들어요? 우리 엄마가 하는 말도 못 알아듣는데."

우리나라가 '아' 하면 '어' 하는 고맥락 사회인 것은 맞지만 나의 속마음을 상대가 알고 있을 거라 기대하고 핵심을 구체적으로 언급하지 않으니 개인화되어가는 요즘의 사회에서 오해와 갈등만 증폭되는 것이다.

늘 시어머니의 '진위'를 파악하지 못해 역시 낭패를 겪는 친구가 울분을 터트렸다. "야, 나는 '잘 사는 나라'라는 말도 이해가 안 가고 '좋은 사람'이 되라는 말도 잘 모르겠어. 잘 사는 나라는 어떤 나라이며 좋은 사람은 어떤 사람인데? 그렇게 두루뭉술하니 아무도 안 지키는 거지. 아니, 지킬 수가 없는 거지."

사돈의 팔촌까지 한동네에 모여 농사짓던 시대에서 이제는 떨어져서 살고, 혼자 살고, 서로 무슨 일을 하는지 모르면서 사는데 'No'라고 하면서 'Yes'인 마음을, 'Yes'라고 하면서 'No'인 마음을 어찌 알까.

사실 '말'은 타인과 소통하는 도구이지만 아무리 좋은 이유를 갖다붙인다 해도 태생적 한계를 가진다. 뇌 과학자 김대식 교수에 의하면 언어의 해상도는 인식의 해상도보다 현저히 낮고 생각의 해상도는 실상의 해상도보다 떨어진다고 한다. 수많은 '실상'들의 총합을 해상도가 낮은 언어로 통합하는 일은 애당초 불가능한 일일지 모른다. 뇌에서 일어나는 현상의 10퍼센트만 언어로 표현 가능하고 90퍼센트는 설명 가능한 단어가 없다고 하니 '말'은 하면 할수록 마이너스를 저축하는 것인지 모르겠다.

그러니 내가 하는 말보다 남들이 하는 말에 귀를 여는 게 그나마 '언어'를 통해 '실상'을 제대로 '인식'할 수 있는 가장 빠른 방법일지 모르겠다. 섣불리 남의 말을 끊고 베어내 내 말부터 가져다 붙이지 말고 있는 그대로의 말을 끝까지 다 듣는 것이 먼저겠다. 귀를 여는 사람은 사실에 가까이 다가서는 어른이 될 것이고 귀는 닫고 입부터 여는 사람은 흔하디흔한 노인이 될 것이므로.

그리고 말이 입을 차고 나가기 전, 한 번 더 물어야겠다. 정말 필요한 말인지, 상황에 맞는 말인지, 명확한 표현인지, 펭수처럼 외모를 넘어서는 위안을 담고 있는 말인지 말이다.

결정적으로, 말이 많은 집은 장맛도 나쁘다고 한다. 찬거리 화려하지 못한 집에 장맛이라도 좋아야 하는데, 게다가 요즘 같은 세상에 불필요한 말로 침이라도 튀면 정말 빰 맞기 십상이다.

오십이 가벼워지는 인생 공부 ⑫

"말도 안 돼." 버릇처럼 그러는 사람이 있다.
"너한테 말이 되는 건 뭔데?"라고 물으면 그 사람은 그랬다.
"말이 안 되는 거 빼고."

무슨 말장난인지. 살면서 말로 장난치지 말자.

발 없는 말이 천 리를 가는 일은 늘상 '술자리'에서 벌어진다. 온전하지 못한 정신에서 한 말을 온전한 정신을 가진 자가 퍼 나르니 나쁜 말은 두 배, 세 배가 되고 좋은 말은 질투와 시기로 변해 세상을 날아다닌다.

외모는 거울로 보고 마음은 술로 본다고 했다.
진심이라고 고래고래 소리 지르고 몇 번을 반복한들 그 마음이 진짜인지, 거짓인지 어떻게 알 수 있을까. 국밥 한 사발 뒤에도 기억조차 나지 않는다면.

술, 고통 & 호통 & 소통

넘치면 모자람만 못한 것이 있다. '술'이 그렇다. 처음에는 용기를 주는 묘약 같지만 이내 오기가 생기고 결국 돌이킬 수 없는 실수와 후회를 남긴다. 음주 운전, 주폭, 성희롱 등 큰일이 났다 하면 주범으로 '술'이 지목된다. 다짜고짜 술에게 혐의를 뒤집어 씌우고 당사자들은 '심신미약'이란 이름표를 달며 유유자적 양심에서, 상황에서, 법정에서 빠져나간다. 술은 딱히 죄가 없지만 변호사를 고용할 방법이 없으니 그 모든 죄를 뒤집어쓸 수밖에. 병원에서도 좋은 소리를 듣지는 못한다. 늘 간, 뇌, 신장 등 장기 손상의 주범으로 지목되니까.

조선 시대 학자 이수광은 《지봉유설(芝峯類說)》에서 내섬시(술을 만들어 조달했던 관청)의 술 만드는 방은 기와가 썩어서 몇 년에 한 번씩 갈아줘야 한다며, 술기운이 쪄서 올라오기 때문에 참새조차 그 위로는 감히 모여들지 않는다고 기록했다. 술은 곧 '독'에 가깝다고 강조했다. 사람이 마셔서 몸의 각종 장기들에게 해코지를 하기도 전에, 술은 이미 그 자체로서 위해한 물질인 것이다. 세종대왕 역시 백성들에게 술을 경계하라는 〈계주교서(戒酒敎書)〉를 내렸다.

왕까지 나서며 그 오랜 세월 동안 술의 위해를 경계했음에도 불구하고 현재 서울은 '세계에서 술을 가장 많이 마시는 도시' 중 하나다. 영국 일간지 〈가디언〉의 보도에 따르면 한국인은 일주일에 평균 13.7잔의 소주를 마신다고 한다. 추위 때문에 전통적으로 술 소비량이 많은 러시아의 두 배인 수치다. 술의 위해함을 설파하면서도 그 술을 정성껏 빚어 우리 민족이 음주 가무에 능하다는 자랑거리를 만들어놓은 조상님들도, 조상님의 끈질긴 잔소리에도 음주량 세계 1위를 찍은 후손들도 아이러니하기는 매한가지인 셈이다.

송강 정철은 〈장진주사(將進酒辭)〉에서 인생은 덧없는 것이니 한 잔 먹고 또 한 잔 먹자고 노래했다. 꽃 꺾어 셈하면서 무진무진 먹자고, 죽은 후에는 거적에 덮여 지게 위에 묶여가든, 곱게 꾸민 꽃상여에 실려 가든 억새풀, 속새풀, 떡갈나무 숲에 가면 누구 하나 술 권하는 이 없으니 살아 있는 동안 많이 마시자고 했다.

또한 정철은 다른 사람이 자신이 취했을 때의 이야기를 해주면 그럴 리가 없다고 믿지 않다가, 참으로 그런 일이 있었다는 것을 알고 나면 부끄러운 생각에 죽고만 싶어진다는 반성문도 썼다. 오늘도 실수를 저지르고 내일도 실수를 되풀이하여 허물과 후회는 산더미처럼 쌓이는데 만회할 날은 오지 않고, 자신과 친한 사람들은 자신을 위해 슬퍼해주지만 자신과 사이가 좋지 않은 사람은 더럽다고 침을 뱉는다며 술 마신 후의 위해를 두려워했다. 술로 인해 천명(天命)을 더럽히고 인기(人紀, 사람이 지켜야 할 도리)를 모멸함으로써 명교(名敎, 인륜을 밝히는 교훈)의 버림을 받은 것이 적지 않다고 말했다.

〈성산별곡(星山別曲)〉, 〈관동별곡(關東別曲)〉, 〈사미인곡(思美人曲)〉 등 가사 문학의 대가이자 영의정, 우의정을 지낸 조선 시대 최고의 엘리트였던 정철 선생도 꽃 꺾어가며 마시던 호방한 술이 결국은 허물과 후회로 남는다는 것을 뼈저리게 깨달은 것이다.

유명 연예인이 술을 먹고 성범죄를 저질렀다는 기사에는 술 좋아하면 술로 망하고, 산 좋아하면 산에서 죽고, 도박 좋아하면 도박으로 망하고, 여자/남자 좋아하면 여자/남자로 망신살 뻗고, 잠 좋아하면 평생 가난하게 산다는 댓글이 달렸다. 선을 지키며 살아야지, 무엇이든 지나치면 결국 주변 사람들에게 고통을 준다는 점잖은 충고도 담겨 있었다.

그럼에도 이렇게 위험천만한 술을 멀리할 수 없는 건 우리 모두 너무도 연약한 자아를 가졌기 때문이다. 불만스러운 세상, 제정신으로 논할 자신은 없고 겨우 술의 기운을 빌어 울분을 토하는 것이다. 그래서 우리나라 술집들은 죄다 시끄럽다. '나는 너를 사랑하는데 왜 너는 나를 사랑하지 않느냐', '상사면 상사지 왜 나를 그렇게 함부로 대하느냐', '친구의 탈을 쓰고 어떻게 등에 칼을 꽂느냐', '우리나라 정치는 왜 이 모양이냐', '뼈 빠지게 노력해도 먹고살기는 왜 이리 버거운 거냐' 등 불평등한 삶의 거시적, 미시적 원인을 찾으려고 노력하지만 그 무상함에 목젖을 열고 슬퍼하는 것이다. 찌릿한 첫 잔이 넘어가면 이내 마음의 경계와 빗장이 풀리고 어렵지 않게 속내를 꺼내놓는다. 그러니 쉽사리 술의 유혹을 뿌리칠 수 없는 것이다.

술이 때로는 가슴 깊은 곳의 심상을 끌어올려 창작의 묘약이 된다는 것을 인정하지 않는 건 아니다. 당나라 최고의 낭만파 시인 이백(李白)은 술 한 말을 마시고 시 백 편을 지었고, 안견, 김홍

도와 함께 조선 시대 3대 화가로 불린 장승업은 영화 〈취화선〉에 나온 대로 술과 함께 산수, 인물, 영모, 화훼 등 여러 분야의 소재를 폭넓게 그려냈다.

네덜란드 화가 빈센트 반 고흐는 무려 45~70도에 이르는 독주 압생트에 중독된 상태로 그림을 그렸다고 한다. 물론 그러다가 사물이 노랗게 보이는 황시증을 앓았고 결국 자신의 귀를 자르게 된다는 것은 이미 유명한 일화이다. 모진 고문에도 어린아이 같은 웃음을 잃지 않으며 고단했던 '소풍'을 끝내고 하늘로 돌아간 천상병 시인도 술로 시를 쓰고 고문의 아픔을 달랬다.

그러나 그런 천상병 시인도 〈술〉이란 시에서 인생은 고해(苦海)고 그 괴로움을 달래주는 것은 술뿐이지만, 술에 취하는 것은 죄고 죄를 짓는다는 건 안 될 말이라며 자신은 막걸리로만 아주 적게 마신다고 고백했다.

역시나 술이 위로가 되고 종교가 되고 용서가 될지언정, 취하는 것은 '죄'라는 것이다. 돌이켜보니, 나 역시도 한 마디 거들 자격이 되는 것 같다. 한 잔, 두 잔 들이켜다 보면 이내 몸은 유체이탈이 되고 정신은 전지적 작가 시점이 되었다. 세상 불만이 두서없이 튀어나오고 괜한 시비의 마음도 들었다. 그리고 다음날 볼 빨간 사춘기가 되어 얌전히 물었다. "어제, 나, 혹시 실수한 거 없어?"

그러나 문제는 우리 모두 술에 대해 너무 관대하다는 것이다. 주변 사람들은 큰 실수 없었다고 용서해주고 몸 상태가 안 좋을 때 마시면 그럴 수 있다며 변호까지 해주었다. 그러니 지나친 음주를 하면 안 된다는 다짐을 매번 놓쳤던 것 같다.

사실 술은 천상병 시인의 당부처럼 '조금씩 적당히' 마시는 것이 매우 힘들다. 시작을 말든가, 끝장을 보지 않으면 해결이 안 되는 경우가 대부분이다. 가속도가 붙으면 적당한 선에서 멈추기가 힘들다. 우리의 위, 간, 장들이 오십 년 이상 과로를 해서 기와가 썩어나는 술의 독에 대적할 힘이 남아 있지 않다는 것도 문제다. 사람의 몸은 기계가 아닌지라 반복되는 '신뢰성 실험'을 견뎌낼 재간이 없다.

다산 정약용도 유배지에서 아들들에게 술맛이란 입술을 적시는 데 있다고 강조하며, 술로 인한 병은 등에서도 나고 뇌에서도 나며 치루(痔漏)가 되기도 하고 황달도 되어 별별 기괴한 병이 발생하니, 한번 병이 나면 백 가지 약도 효험이 없게 되므로 적당한 음주를 하라고 부탁했다. 소 물 마시듯 마시는 사람들은 입술이나 혀에는 적시지 않고 곧장 목구멍에다 탁 털어 넣는데 그들이 무슨 맛을 알겠냐며 폭주가들을 비난하기도 했다.

자제력을 잃은 중년은 무지한 청년보다 더 위험한 법이다. 건강을 잃은 중년에게 아름다운 노년이란 없다. 오늘의 술 유혹을 이길 수 있는 건 '어제 마신 술'밖에 없다는 이야기가 있다. 오늘의 술자리에서 온전하기 위해 우리는 어제 술 마신 사람이 되어야 한다. "어제 술을 많이 마셨더니 힘드네. 오늘은 그만 마셔야겠다." 그러다 보면 그 나이에도 매일 술 마시는 사람이 되어야 하겠지만 결국 주변 사람들도 '매일 술을 마시는' 이유를 납득해주지 않을까? '이 사람, 술과 이별하는 중이구나' 하고.

물론 이렇게 선언해놓고 나면 '선언의 감옥'에 갇혀 희로애락의 토로와 창작의 묘약이 되는 술맛 한번 보지 못하고 살게 될지 모르지만, 술의 감옥에 갇히지 않기 위함이니 기꺼이 감당함이 또한 옳지 않을까? 비겁한 변명이 아니라 올바른 선택이니 말이다.

그리스 올림포스의 열두 신 중 하나이자 풍요의 신이며 황홀경의 신, 술의 신인 디오니소스가 우리나라에 멋지게 환생했다. 두 번 태어났던 신화 그대로. 비틀스를 잇는, 아니 넘어서는 세계적인 아티스트가 된 방탄소년단(BTS)의 일곱 청년들은 〈Dionysus〉에서 이렇게 외친다.

쭉 들이켜 (창작의 고통)
한 입 (시대의 호통)

쭉 들이켜 (나와의 소통)

한 입 (Okay now I'm ready fo sho)

창작의 고통, 시대의 호통, 나와의 소통을 이루기 위해서는 절대 취하면 안 되겠다. 그저 한 입 축이는 정도.

오십이 가벼워지는 인생 공부 ⑬

만나면 함께 적당히 마시게 되는 사람,
무조건 취하게 되는 사람,
절대 취할 수 없는 사람이 있다.

술도 사람을 가리나?
그 독한 술을 이겨 먹는 건 언제나 사람.

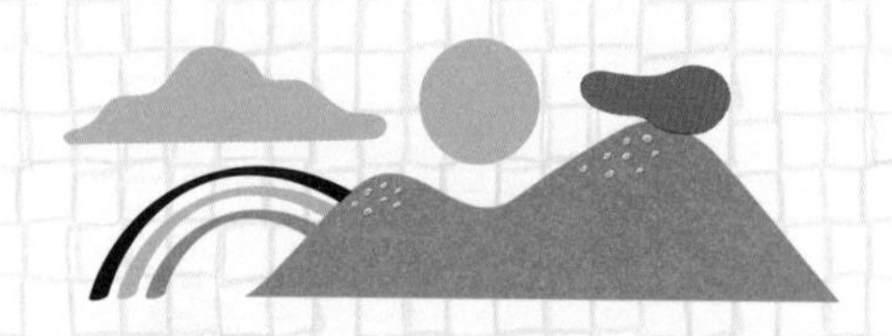

운세 보기를 좋아하는 편은 아니지만 좋은 것은 믿고 나쁜 것은 거른다. 취사선택에 능하다. 이십 년 전 동대문 뒤편, 사주명리에 능하다고 해 찾아간 점집에서 할아버지 역술가는 말했다.
"똥밭에 굴러도 돈을 쥐고 구를 팔자야. 하늘에서 동아줄이 내려와."

자, 이제는 그 기막힌 운빨이 나타날 때도 되었는데, 인생의 반은 노력으로 살고 반은 운으로 산다는데 말이다.

운, 하던 대로 묵묵히

동백이는 어린 시절 엄마에게 버림받고 힘겹게 살아간다. 사랑하는 남자와도 헤어지고, 바닷가 시골 마을에서 작은 술집을 운영하며 홀로 아들을 키운다. 아름다운 미혼모 동백이의 등장에 시장 상인들은 텃세를 부린다. 그러던 어느 날 호젓한 마을에 연쇄살인범 '까불이'가 등장하고 동백이는 연쇄살인의 타깃이 된다. 그러자 동백이에게 까칠했던 동네 상인들과 청년 경찰 용식이는 한마음이 되어 동백이를 지켜낸다. '그리하여 동백이와 용식이는 오래오래 행복하게 살았다'라는 이야기가 바로 2019년 KBS 연기대상을 휩쓴 드라마 〈동백꽃 필 무렵〉의 대략적인 스토리이다.

동백이는 지지리 복도 없고 '운'이라곤 찾아보려야 찾을 수 없는 팔자를 가졌다. 부모에게 버림받고 사랑하는 남자에게도 버림을 받는 인물이다. 그러나 동백이는 결국 시청자들에게 행복의 결말을 선사한다. 작가는 동백이의 해피엔딩이 아름다운 외모나 억세게 좋은 운 때문이 결코 아니라고 극 흐름 내내 반복해서 말한다. 편견에도 꺾이지 않은 강인함과 타인의 처지를 살필 줄 아는 따뜻한 마음이 보증서가 된 거라고, 그런 사람은 결국 행복할 자격을 가진다고, 동백이를 통해서 천천히 말했다.

세상에는 여전히 '뿌린 대로 거둔다'라는 원칙이 살아 있음을 스릴과 멜로, 휴머니즘이 온통 버무려진 명품 드라마를 통해 시청자들의 마음에 속삭였다. 어쩌면 드라마 작가가 예수님, 부처님보다 한 수 위일지도 모르겠다. 이렇게 마음에 쏙쏙 박히게 가르쳐주니 말이다.

"그 왜, 매일 김 상무한테 일 못한다고 잔소리 듣던 노 부장 기억나? 그 노 부장이 무슨 전자 부품 수입을 시작했는데 그게 대박 나서 일 년에 삼 개월만 일하고 나머지는 떵떵거리며 논다네. 게다가 아들은 의대에 떡하니 합격하고. 우리 집 막내는 갑자기 음악을 한다고 저 난리인데. 청춘 바쳐 열심히 살았구먼. 내 말년 운은 어찌 이런가 모르겠네." 자식도 적당하고 가진 돈도 적당하고 일할 데가 있어도 눈이 높아 꼿꼿하게 백수로 지내는 김 부장님은 엄살을 잘 부리는 편이다.

"아이고 김 부장님을 부러워하는 사람이 더 많아요. 부부 사이 좋으시지, 어디 아픈 데 없이 건강하시지, 먹고살 만하시지. 더 이상 부러울 일이 어디 있겠어요. 노 부장님이 일하는 건 좀 그랬지만 사람 좋고 주변 사람한테는 잘하셨잖아요. 그 은덕의 결과겠죠." 위로의 말을 건넸지만, 그렇다. 끈 떨어지고 쓸모없어진 것 같은 요즘, 어디엔가 뿌려놓은 씨앗이 커다란 줄기와 싱그러운 이파리를 가진 콩나무로 자라 하늘로 높이 올라가는 상상뿐이다. 강인하고 따뜻하게 살았으니 남은 인생은 동백이처럼 자식은 메이저리그 야구선수가 되고, 건실한 청년 경찰의 사랑을 얻고, 연쇄살인범의 위협에도 주변 사람들의 철통같은 보호를 한 몸에 받으며 살 수 있지 않을까 하는 기대가 없을 리가. 지금이야말로 하늘에서 내려올 '운빨'을 주저 없이 온몸으로 맞이할 준비가 되어 있는데 말이다.

"아, 운도 없지. 어떻게 찍는 것마다 틀려. 게다가 고치면 꼭 틀려." 학교에서 시험을 보고 오는 날, 큰아이는 꼭 이런 대사를 읊는다. 뭐, 나도 어릴 때 읊어본지라 그리 낯설지는 않지만 너무 자주 듣다 보니 열불이 터졌다. 로또를 사며 두 손 모아 기도하는 내 모습이 이리 흉했을까?

"야, 시험을 운에 기대냐? 왜 고쳤겠어? 네가 정확하게 모르니까 고친 거고, 그건 네가 제대로 공부를 안 했다는 증거지."

"엄마는, 내가 그걸 몰라서 이러겠어? 속상하니까 그러는 거잖아. 공부 안 한 건 내가 더 잘 알아. 근데 찍는 것마다 맞는 애도 있어, 있기는."

아이고. '그게 과연 찍기만 한 결과일까?'라고 말해주고 싶었지만, 어쩌겠나. 찍어서라도 맞고 싶은 그 안타까운 심정을, 틀린 것은 운이 나쁜 것이지 노력이 부족했던 게 아니라고 스스로에게 최면을 거는 그 마음을 왜 모를까. 그저 탓할 이유가 필요한 거라는 걸 훤히 아는데 말이다.

그런데 문제는, 노력한다 해도 그것이 반드시 결과로 보답한다고 장담할 수 없다는 거다. 스위스의 정신의학자 폴 투르니에(Paul Tournier)는 "고통과 영광은 세트 메뉴가 아니다. 신이 영광을 미리 예정하고 고통을 주는 게 아니라서 고통 후에 나락으로 떨어질지, 더 높이 치솟을지는 고통 받는 자의 결단에 달렸다"라고 말했다. 어떤 순간에도 신이 주는 행운은 장담할 수 없고 인간 스스로의 노력과 인내, 극복에 모든 것이 달렸다는 것이다. 노력 없는 공짜 운은 없고 공들이고 노력해도 보상을 확신할 수 없으니, 사는 일은 늘 불확실한 게임의 연속이라고 야박한 결론을 내놓았다.

매번 최선을 다하는데 뒤로 넘어져도 코가 깨지는 사람들, 영화 속 그런 캐릭터를 볼 때마다 '설마' 소리가 나오지만 현실에서는 그런 말도 안 되는 일이 허다하게 일어난다. 배신감에 최소한의 노력마저 포기할 수도 있다. 그래. 어쩌면 큰아이는 제가 할 수 있는 한 최선을 다했을지도 모른다. 다만 노력과 그 결과가 세트 메뉴가 아니라는 사실을 모르고 노력이 부족했던 거라고 남몰래 자신을 탓하고 있을지도 모른다. 그래도 계속 속아주었으면 좋겠다. 그래서 너무 머지않은 미래에 "오늘은 찍었는데 다 맞았네. 난 정말 운이 좋아"라고 말하게 될 그날을 조용히 기다려본다.

"제가 원래 좀 이상한 사람이에요. 평소 하던 대로만 했던 것뿐인데, 놀라운 결과가 있어서 얼떨떨합니다." 한국 영화 〈기생충〉은 제92회 아카데미시상식에서 작품상을 비롯해 감독상, 각본상, 국제장편영화상까지 4관왕을 차지했다. 우리나라 역사에 길이길이 기록될 일이다.

수상을 기념하여 봉준호 감독이 직접 쓴 각본과 스토리보드가 책으로 출판되었다. 봉 감독은 영화 제작을 위해 아이디어를 떠올리고, 시나리오를 쓰고, 스토리보드를 그리고, 촬영을 하고, 편집과 녹음을 하는 단계들을 꾸준히 일곱 번 반복한 것이 지난 이십 년간 그의 삶의 전부라고 했다. 앞으로도 변함없이 위의 과정들을 반복할 수만 있다면 삶에서 더 이상 바랄 것이 없다고도 했다.

노력과 행운이 반드시 세트 상품은 아니지만 씨앗과 열매의 관계인 것만은 틀림없는 것 같다. 씨앗도 뿌리지 않고 아름다운 꽃과 탐스러운 열매를 기대할 수 없는 것처럼 김 부장이 부러워하는 지금 노 부장의 사업과 자식 운은 언젠가부터 꾸준히 뿌려온 씨앗의 결실이 아닐까? 그저 우리들 눈에 보이지 않는다고 '운'이라고 말할 수 있을까?

다시 말해서, 칠십 대쯤에 노 부장처럼 운이 좋으려면 지금부터 사과나무 밑에서 사과가 떨어지길 기다릴 것이 아니라 어딘가에서 사과 씨앗을 뿌리고 있어야 한다는 얘기다.

현진건의 《운수 좋은 날》에서 가난한 인력거꾼 김첨지는 비 오는 날이지만 한 푼이라도 더 벌기 위해 아픈 아내를 두고 장사를 하러 나간다. 어쩐 일인지 그날따라 운수가 좋아 오랜만에 손님을 태우고 꽤 많은 돈을 번다. 오늘은 나가지 말라던 아내의 얼굴이 눈앞에 어른거리지만 자꾸만 운수 좋게 손님을 만난다. 김첨지는 친구 치삼과 함께 술을 한잔 마시고 나서야 아내가 먹고 싶어 하던 설렁탕을 사들고 집으로 향한다. 그런데 집은 조용하기만 하고 아내는 미동도 않는다. 김첨지는 아내를 흔들어보지만 이미 차갑고 딱딱하게 변해버린 후다. 억세게 운 좋은 날, 사랑하는 아내는 먹고 싶어 하던 설렁탕 한 그릇 먹어보지 못하고 세상을 떠났다.

어릴 때 이 소설을 읽으며 참 여러 생각이 들었다. 가난은 잔인하다는 것, 그런데 소설 제목은 그 가난보다 더 잔인하다는 것. 뜻하지 않게 찾아오는 행운은 무언가를 대가로 내놓아야 하는 것일까? 하는 일이 대박 나고 로또에 당첨되고, 자식들의 공부가 좋은 결실을 맺었으면 하는 지금의 기대는 현재의 무언가를 내놓아야만 이뤄지는 걸까?

아니, 그런 행운이라면 정중히 사양해야겠다. 김첨지처럼 가장 소중한 것을 대가로 내놓는 행운이라면 결코 행운이라 할 수 없으니 말이다.

그렇다면 행운은 언젠가 뿌려놓은 씨앗이 큰 바위처럼 굴러와 대박 터지는 일이 아니라 그저 현재 가진 것을 잃지 않는 것이 아닐까? 동백이처럼 따뜻한 결말을 맺길 바라지만 김첨지와 같은 결말을 맞이하지 않으리란 법이 없으니 봉준호 감독처럼 묵묵히 하던 대로 할 수밖에.

코로나19 확산으로 어려움을 겪는 사람들이 늘어나자 오십여 년간 구두를 닦아 번 돈으로 마련한 칠억 원 상당의 땅을 기부했다는 사람의 기사를 읽었다. 가슴이 뭉클하기도 화가 나기도 했다. 개인으로서는 가장 큰 액수의 기부금이라는데 재벌도 아니고 사회 지도층 인사도 아니고 너무도 정직한 노동의 일을 해온 장인의 전 재산이라니. 그 땅을 받지 말라는 댓글도, 그 돈이 제대로 쓰이는지 똑똑히 지켜보겠다는 댓글도 많았다.

그리고 눈에 띄는 댓글 하나. "지금이 아니더라도 자식, 아니면 그 자식, 아니면 그 자식과 자식들에게 대대손손 세상의 모든 행운이 찾아올 것입니다. 하느님이 하지 않으시면 우리들이 그렇게 하겠습니다. 감사합니다."

진짜 억세게 운이 좋은 건 우리 대한민국이다. 이런 훌륭한 국민들을 가졌으니 말이다.

오십이 가벼워지는 인생 공부 ⑭

"가장 큰 행운은 치매나 긴 병치레 없이 죽는 거야. 할 일 다 해놓고 아침에 곱게 잠든 얼굴로 자식들과 이별하는 게 진짜 행운이지."
어르신들은 자신의 마지막 운조차 자식들에게 부담을 주지 않는 일에 함부로 쓰려고 한다.

그것이 내 운일지, 자식의 운일지.

적당히 모르는

오십을 위한 두 글자

친구, 같은 편과 줄다리기

TV는 온통 불륜 세상이다. 중년 남자의 불륜, 친구 남편과의 불륜, 이웃과의 불륜 등 사연도 다채롭다. '사랑에 빠진 게 죄는 아니잖아'라는 말도 안 되는 대사가 인내와 의리로 살아온 대한민국 보통의 아줌마, 아저씨의 가슴에 분노의 불을 지폈다.

평소 드라마에는 '1'도 관심이 없는 후배마저 "당최 현실감이 없는 그런 드라마를 왜 보는지 모르겠어요. 다들 재벌처럼 살고, 밥도 안 해먹는 것처럼 집에서 드레스 차려입고, 동네 모임은 무슨 귀족 사회 사교클럽 같고. 다들 힘이 남아도는지. 바람피우는 사람이나 집착하는 사람이나, 이해 불가요"라며 단톡방에 열을 낸다. 드라마는 역시 욕하면서 봐야 제맛이지. 분노와 욕은 시청률을 견인하는 바로미터다. 그런데 역사, 고발 다큐만 챙겨보던

이 후배 녀석도 드라마를 꼼꼼히 챙겨봤다는 건데…. “근데 너, 왜 네가 열을 내고 그래? 수상해”라고 농을 남겼지만 치정 문제에 관심 없는 인류가 어디 있을까?

그런데 드라마 덕후인 친구는 그랬다. “아직도 여자, 남자 문제에서 벗어나지 못한 사람들은 성장하다가 중간에 멈춘 사람들이야. 뭔가 결핍이 있는 거지. 친구와 손잡고 뒷산 오를 나이에 치정이니 복수니 그런 것에서 졸업하지 못하다니, 쯔쯧. 안타까울 뿐이야.”

옳다. 십 대 때는 친구와의 우정을 위해 노력했고 이십 대는 이성의 사랑을 얻기 위해, 삼십 대, 사십 대는 아이를 키워내는 데 온 마음을 내주었는데, 이 나이에 다시 이성 문제로 마음을 다치는 건 F1 경기에서 후진기어를 넣는 것과 다름없는 거다. 얼굴은 오십 대인데 정신연령이 이십 대라면 그 반대를 기대하는 사람들에게 얼마나 죄스러운 일인가.

어느 노인이 개구리 한 마리를 잡았는데 개구리가 이렇게 말했다.

“저에게 키스를 해주시면 저는 예쁜 공주로 변할 거예요.” 그런데 노인은 키스는커녕 개구리를 재빨리 주머니 속에 넣어버렸다.

놀란 개구리는 "키스를 하면 예쁜 공주와 살 수 있을 텐데요. 왜 그렇게 하지 않죠?" 하고 물었다. 그러자 노인은 "자네도 내 나이가 되어보게. 공주보다 재잘대는 개구리가 더 좋다는 걸 알게 될 거야"라고 대답했다.

노인의 선택은 옳았다. 아무리 아름다운 이성이라도 나의 과거와 현재를 있는 그대로 박제하고 있는 친구와의 수다보다 더 풍성할 리가. 서로 의견이 갈릴 때 어디쯤에서 멈춰야 하는지 알고 있으며, 대충 입고 나서도 부끄럽지 않고, 형편없는 음식점에서도 음식 탓하지 않고 서로의 이야기에 집중할 수 있는 것이 친구다. 말의 주고받음에 이보다 좋은 조건이 있을까?

친구들과 다시 얼굴을 마주하게 된 건 회사를 그만두고 난 뒤였다. 회사와 집을 오가며 하루하루를 근근이 버틸 때는 친구에게 어떤 일이 있는지 살필 여유도 없었다. 그저 살아 있는지 안부 정도. 친구 아이의 이름, 나이가 어떻게 되는지도 오락가락했다. 내 아이의 일도 제대로 살피지 못하는 시절이었으니 친구의 사정이 아무리 퍽퍽한들 실로 깜깜한 날들이었다.

그런데 지금 친구들은 만혼(晩婚)에 늦둥이까지 낳아 그녀들보다 한참 어린 아이들을 키우는 어설픈 나에게, 그 길을 먼저 통과해 한결 여유로워진 모습으로 조언과 위로를 건넨다. "괜찮아, 그런 건 중요하지 않아. 그냥 믿어. 다 잘 될 거야"라고.

한때 철없고 불같았던 그녀들에게도 소복이 세월이 내려앉았다. 각자의 이성을 만나 가슴이 진자 운동을 할 때 그 불꽃같은 이야기를 턱 괴고 들어주고, 아이 낳고 여유롭지 않은 살림으로 살아갈 때 혹은 부부 싸움으로 마음이 터져 있을 때 서로를 찾아 위로하며 버텨온 친구들은 중년의 여인이 되어 마주 앉았다. 머리칼은 푸석거리고 그 여리던 손들은 반지를 낄 수 없을 정도로 불었다. 무릎도 아프고 이빨도 시원치 않고 식당에 모이면 모두가 메뉴판 글씨를 읽지 못해 주문이 늦어진다. 게다가 요즘은 자꾸 개그 욕심까지 낸다. 카페에서 손 소독제인 줄 알고 커피시럽을 짜서 손에 바르질 않나, 이사한 지 몇 달이 지났는데도 자꾸 예전 집 호수로 짜장면을 배달시켜 윗집에서 음식이 내려오는 일이 다반사고, 마스크 품귀 상황 중에 발견한 마스크를 신줏단지 모시듯 한 움큼 사왔더니 '마스크 팩'이라질 않나. 웃어야 할지, 울어야 할지, 코미디가 따로 없다.

각자 인생의 위기와, 고난의 시기는 달랐지만 엇비슷하게 주제가 맞아떨어지는 지금은 실력 좋은 상대와 테니스를 치는 느낌이랄까. 아니, '인생'이라는 상대 팀과 맞붙어 구령에 맞춰 줄다리기를 하는 느낌이라 해야 하나. 힘도 적당히 붙었겠다, 승산이 없어 보이지도 않는데 게다가 그녀들과 함께라니. 다 이긴 싸움처럼 뒷배가 든든하다.

사실 그녀들의 배포는 장수 '장비'보다 크고, 요리 솜씨는 대장금 언니 저리 가라, '박사' 타이틀만 없지 세상 돌아가는 이치에 누구보다 밝다. 다 합쳐놓으면 예수님이나 공자님쯤은 쉽게 이겨먹을 수도 있을 것 같다. 그러니 귀는 어둡고 눈은 컴컴하고 말은 더 어눌한 지금, 속 좁고 음식 솜씨 없고 세상 이치에 늦은 나에게 과연 이보다 더 좋을 집단 지성, 강화학습 인공지능이 있을까?

"친구요? 잘 못 만나요. 젤 친했던 친구가 있었는데 결혼 후 서로 사는 게 바빠서 뜸해졌어요. 더구나 친구가 지방으로 발령이 나는 바람에. 그런데다 요즘은 절 일부러 피하는 눈치예요. 남편과 좀 옥신각신하는 것 같았는데 그것 때문인지. 힘든 거 터놓고 살면 좋겠는데. 저도 속상하네요."

아는 엄마는 학창 시절 내내 붙어 다녔던 친구가 그립다고 했다. 발맞춰 함께 걸어가고 싶은데 그러지 못한다며 한숨을 쉬었다. 나 역시 그랬다. 무척 친했는데 차츰 멀어지더니 아무리 수소문을 해도 찾을 수 없게 된 친구가 있다. 그런데 지금에서야 그 이유를 알 것도 같다. 친구 사이라 해도 각자의 일을 시작하고 가정을 이루면서 사정도 달라지고 말 못할 일, 말하고 싶지 않은 사연이 생긴다. 너무 가까워서 차라리 멀어질 수밖에 없었다고 해야 하나. 친구와 보낸 시간만큼의 시간을 혼자 기다리다 보면 서로가 단단해져서 다시 만나게 될 거라고, 아는 엄마에게 말했다. 지금 나도 기다리고 있는 중이라고. 살다 보면 생활의 무게는 사라지고 자신의 젊은 시절을 고스란히 간직하고 있는 기억 속 친구의 모습으로 아름답게 날아올 거라고.

초등학생인 작은아이는 지금 막 친구를 만들어가고 있다. 자전거도 타고 축구도 하며 자신들만의 언어로 이야기를 나눈다. 매우 서툴고 어리숙하지만 그 안에는 이미 비밀도, 약속도 있는 것 같다.

어느 날은 시험지를 들고 오는 아이에게 이렇게 물었다.

"뭐? 한 개 틀렸다고? 그럼 철수는? 철수는 다 맞았지? 또 누가 백 점이야?"

아이들은 아마도 부모의 이런 말 때문에 친구를 경쟁의 자리에 세우는 것일 게다. 조건 없이 마음을 주는 아이들에게 '그러면 너만 손해'라고 가르치는 건 우리, 부모들이다. 아이들에게 친구를 사귀는 법이 아니라 친구를 잃는 법을 가르치니 친구와 손잡고 산에 오를 나이에 남자, 여자 애정 문제에서 벗어나지 못하는 것이다.

아이들에게 의자 뺏기 게임을 가르칠 게 아니라 같은 편이 되어 박자에 맞춰 줄다리기하는 법을 가르쳐야겠다. 힘든 일에도 훌훌 털고 친구와 함께 산에 오를 수 있도록 말이다.

말하고 보니 가장 친한 친구를 잊고 있었다. 청춘에는 연인, 중년 때는 친구, 노년기에는 보호자가 되어줄, 좋지만 좋지 않고 밉지만 밉지 않은 나의 배우자.

이십여 년을 서로 길들여왔고, 앞으로 큰 이변이 없는 한 나와 함께 금혼식도 치를 그대는 어린 왕자, 나는 장미. 혹은 그 반대일 수도.

오십이 가벼워지는 인생 공부 ⑮

영화 〈써니〉의 마지막 장면, 춘화의 장례식장.
춘화는 남은 친구들에게 각자의 사정에 맞는 맞춤형 유산을 남겼다.
그리고 '써니'의 여섯 친구들은 춘화의 마지막 소원대로 영정 앞에서
노래 〈써니〉에 맞춰 한바탕 신나게 춤을 춘다.
무거운 삶의 무게에 이런 태양(sun)이라니.

가장 찬란한(sunny) 시절을 함께한 친구는 횡재고, 행운 아니겠는가.

영화 〈조커〉를 봤다. 어릴 때 좋아했던 리버 피닉스(River Phoenix)의 동생인 호아킨 피닉스(Joaquin Phoenix)의 열연은 더없이 좋았다. 하지만 영화관을 나와서도 섬뜩하고 불편한 느낌은 계속되었다. 죄책감이라고 해야 할지, 수치심이라 해야 하나. 웃는 얼굴, 웃는 소리가 그렇게 거슬리기는 생전 처음이었다.

'조커'는 빅토르 위고(Victor Hugo)의 소설 《웃는 남자(L'homme Qui Rit)》에 기원하고 있다. 겉으로는 웃고 있지만 속으로는 슬픔이 가득한, 세상의 모든 아이러니를 담은 얼굴을 상징한다. 인간 사회의 불평등, 사악함으로 태어난 조커는 웃는 얼굴로 세상을 조롱한다.
"아침부터 기분 이상해. 〈조커〉를 조조로 보는 건 아니었어. 어우, 땅으로 꺼지겠네." 나이가 들수록 심각한 건 정말 부담스럽다.

유머, 망각의 한 수

영화 '인디아나 존스(Indiana Jones)' 시리즈에서 해리슨 포드(Harrison Ford)는 적들의 공격을 막아야 하는 찰나의 시간에도 한쪽 입꼬리를 살짝 올리며 같은 편과 티격태격 말싸움을 했다. 관객의 심장은 쪼그라드는데 세상 그렇게 느긋할 수가 없었다. 이후에 나온 드라마 〈전격 Z작전(Knight Rider)〉이나 〈레밍턴 스틸(Remington Steele)〉, 〈브이(V)〉, 〈맥가이버〉, 〈블루문 특급(Moonlighting)〉의 주인공들도 뒤질세라 무엇이든 만들었고 누구든 물리쳤으며 어떻게든 여유로웠다. 그들은 언제나 심각하지도 당황하지도 않고 마지막까지 유머를 챙겼다. 그래서 어릴 때는 생각했다. 우리는 늘 지나치게 진지한데 영화 속 외국인들은 하나같이 여유롭구나, 저것이 선진국의 여유인가?

전 미국 대통령 조지 W. 부시는 2018년 자신의 아버지인 조지 H. W. 부시의 장례식에서 아버지에 대한 많은 것을 폭로했다. 골프 쇼트 게임 실력이 형편없으며 춤 실력은 더 꽝이고 브로콜리를 매우 싫어했다고 밝혔다. 고인의 오랜 친구였던 앨런 심슨(Alan Simpson) 전 공화당 상원의원은 한술 더 떠서 "고인은 고개를 젖혀 실컷 웃고 난 뒤 자신이 왜 웃었는지의 핵심 포인트를 늘 기억하지 못했다"라고 했다. 조문객들은 한 나라를 이끌었지만 개인적으로는 허술함이 많았던, 그래서 인간적이었던 고인의 일화를 즐겁게 나누었다. 장례식이었지만 모두의 얼굴엔 미소가 가득했다. 이것이 바로 아메리칸 스타일인가? 삼우제, 사십구재뿐 아니라 부모의 묘 앞에서 움막 짓고 삼 년간 산소를 돌보며 긴 슬픔에 잠기는 것이 효이며 덕인 우리와 달리 지나치게 '쿨'한 것 아닌가 하는 생각마저 들었다.

그러고 보니 기억나는 회사 동료가 있다. 대부분의 동료들은 누가 봐도, 언제 봐도 바빴다. 반면 윤 부장은 누가 봐도, 언제 봐도 한가했다. 업무 협조 때문에 연락을 하면 "놀고 있지. 일 좀 줘봐"라고 했다. 언제 밥이나 먹자고 하면, "아, 언제가 대체 언제야. 오늘 먹지 뭐. 우리 지금 만나, 당장 만나"라며 노래까지 불러댔다.

그런데 대부분의 동료들은 생각보다 성과를 내지 못했고 윤 부장은 새로운 일들에서 연이어 성과를 냈다. 알뜰히 일을 챙기면서도 "우리 지금 만나, 당장 만나"라며 유행가를 불러젖히는 그 여유에 동료들은 눈을 흘겼고 후배들은 두 손 모아 팬이 되었던 것 같다.

"오늘 심 상무한테 한소리 들었다면서 괜찮아? 뭐가 맨날 그렇게 즐거워?"

"아, 말 꺼내지 마. 안 보여? 나 지금 열심히 잊는 중이야. 건드리지 마. 이 기분 집에까지 들고 가면 와이프한테 쫓겨나." 그러고는 아침에 한소리 늘어놓은 심 상무의 보람도 없이, 식당을 나설 때는 이미 다 잊은 사람의 얼굴이 되어 있었다. 혹시 유년 시절을 '미쿡'에서 보냈나 싶을 정도였다.

그를 보지 못한지도 벌써 육 년 남짓. 간혹 들러보는 그의 SNS에는 정치적 의견을 훤히 드러내는 다른 동료들과 달리 고전에서부터 현재 유행하는 노래, 영화, 드라마, 콘서트에 대한 감상과 추천의 글이 담겨 있다. 비틀고 꼬고 엮고 그리고 마지막에는 터트려버리는 특유의 화법으로 말이다.

"어쩔 수 없지, 뭐. 이해하자."

"뭐가 어쩔 수 없어? 뭘 이해해? 이게 왜 어쩔 수 없는 건데?"

"그럼 어떻게 해. 이만한 일에 무슨 화를 그렇게 내. 화내고 걱정한다고 달라지나."

결혼 초, 부부의 대화는 대략 이랬다. 사방 아귀가 맞지 않으면 시작도 하지 않는 아내는 '어쩔 수 없다'라는 말이 도대체 이해되지 않았고, 모양새가 비슷하면 다 같은 것이라 생각하는 남편은 말도 안 되는 상황에서 되레 노래를 하거나 기타를 쳐 아내의 화를 돋우었다. 남편은 쉽게 잊는 편이었고 아내는 무엇이든 기억했다.

그렇게 양쪽 끝에서 대치하던 '무거움'과 '가벼움'은 이십여 년의 세월을 보내며 서로를 향해 달려오기 시작했고 지금의 아내는 큰 고민 없이 "뭐, 별 수 없지. 그냥 그렇다고 치자"라고 말한다. 그렇다. 지금의 나는 물리적으로는 무거워졌지만 심리적으로 한결 가벼워졌다. 가벼움이 무거움을 이겼다.

캐나다의 심리학자 어니 젤린스키(Ernie J. Zelinski)는 《모르고 사는 즐거움(The Joy of Not Knowing It All)》에서 걱정의 40퍼센트는 절대 일어나지 않는 일이고 30퍼센트는 이미 일어난 일에 대한 것이며 22퍼센트는 너무 사소한 것이고 4퍼센트는 우리 힘으로는 어쩔 도리가 없는 것이라고 했다. 남은 4퍼센트만이 오로지 우리가 바꿀 수 있는 것이니 걱정하고 염려한다고 문제의 결과가 크게 달라지지 않는다는 뜻이다.

물론 앞으로의 시간은 비교적 무탈했던 이전의 삶과 달리 돈, 건강, 인간관계 등 불행에 노출되는 범위나, 위험도가 한층 증가할 것이다. 생각지 못한 사고를 당하거나 예상치 못한 돈이 필요해질 수 있고 갑작스러운 병마가 찾아올지도 모른다. 밟고 서 있는 곳이 사실 불행의 지뢰밭일지 누가 알겠는가. 진짜배기 걱정이 시작될 시기다. 그렇다고 우두커니 서서 비극만 찍고 있을 수는 없는 노릇. 차라리 노래하고 기타라도 치는 것이 낫겠다. 혹시 아는가? 솜씨 좋은 기타 소리에 누군가 구조의 손길을 내밀어줄지. 무거움을 이긴 가벼움은 웬만한 불행의 씨앗 정도는 삼켜낼 것이니.

"우리가 병에 걸렸을 때 몸의 면역 체계가 작동해 바이러스, 세균과 싸우잖아요? 그런 것처럼 우리에게 실제 불행한 상황이 오면 마음의 면역 체계가 작동해 예상외로 역경에서 빨리 벗어납니다." 늦은 밤, TV 채널을 돌리는데 누군가 미국의 심리학자인 대니얼 길버트(Daniel Gilbert)와 티모시 윌슨(Timothy Wilson)의 정서예측(Affective Forecasting) 이론을 인용하며 이렇게 말을 이어갔다.

"실제 실연을 경험한 사람들이 실연을 예측하는 사람들보다 덜 불행하다고 느낍니다. 실연한 이들은 '그 사람, 원래 별로였어', '이건 더 좋은 사람을 만나기 위한 과정일 거야' 같은 비난과 위로, 혹은 종교에 의지하여 마음의 안정을 찾고 빠르게 일상으로 돌아갑니다. 반면, 불행을 미리 걱정하는 경우 실제 어려운 일이 닥쳤을 때 작동하게 될 면역 활동을 모르기 때문에 좋지 않은 상황을 과대 예측하게 됩니다."

그랬던 것 같다. 신경외과 병동에 머물렀을 때, 그곳에는 〈병원 24시〉나 〈인간극장〉의 장면처럼 중증 환자나 뜻하지 않은 장애를 얻게 된 이들이 입원해 있었지만 생각했던 것과 달리 불행의 연속만은 아니었다. 별반 다를 것 없이 먹고 자고 말하고, 웃었다. 땅으로 꺼질 것 같은 얼굴을 한 사람은 가끔 병문안 오는, 그것도 아주 오랜만에 만나는 지인들뿐이었다.

불행을 극복할 힘 정도는 신께서 빵빵하게 불어넣어 이 땅으로 보내신 게 틀림없다. 그러니 우리 사람들이 할 일은 그저 몸과 마음을 가볍게 만드는 것, 미리 걱정하고 염려할 게 아니라 버리고 잊는 것이다.

철학자 니체도 망각이 없다면 행복도, 명랑함도, 희망도, 자부심도, 현재도 있을 수 없다고 했다. 기억하는 것은 좋지만 망각은 더 좋은 것이다. 불행의 징조가 소나기처럼 찾아올 때 차라리 인디아나 존스 박사님처럼 한쪽 입꼬리를 쓱 올리고 웃어버리거나 아메리칸 스타일로 어깨 한번 으쓱하는 건 어떨까? 그러다 보면 버리거나 잊거나, 그래서 가벼워질 테니.

이런, 굳이 그럴 필요도 없겠다. 요즘은 가족의 생일도 헷갈리고 매번 보물찾기처럼 물건 찾으러 다녀야 하고 어제 일인지 한 달 전 일인지 오락가락하니 말이다. 걱정이 무엇인지 모르겠는 것이 걱정인데 이제껏 괜한 걱정 했다.

오십이 가벼워지는 인생 공부 ⑯

과테말라에는 '걱정인형'이 있다. 아이들이 걱정을 인형에게 말하고 잠들면 부모가 그 인형을 치워버리고는 아이에게 "인형이 너의 걱정을 가져갔단다"라고 말한다.

가볍게 내어놓으면 가벼워지고 무겁게 가지고 있으면 천근만근 된다.

"엄마, 엄마는 다시 결혼한다면 몸이 좋은 사람이 좋아? 머리가 좋은 사람이 좋아?"

큰아이가 뜬금없이 물어왔고, 몸이 좋든 머리가 좋든 상관없이 '다시 결혼한다면'이라는 가정이 매우 마음에 든다고 했더니 "아, 쫌. 본질에 집중해"라며 버럭 화를 낸다. 아무렴. 본질은 '다시 결혼한다면'이라는 설레는 가정일지니.

어쨌든 '몸이 좋은 사람'이라고 답했고 뻘쭘한 김에 뇌도 몸이니 몸의 건강이 먼저라는 별 근거 없는 설명도 덧붙였다. 실은, 몸도 좋고 머리도 좋고 잘생기고 인격도 훌륭한 사람과 다시 결혼하고 싶다고 말하고 싶었는데. "근데, 그런 건 왜 묻는 건데?"

"응. 난 앞으로 머리보단 몸이 더욱 좋아질 예정이라서."

아이쿠. 아들아, 넌 지금 고3이란다.

운동, 별 보러 가지 않을래?

아침 신문에서 '나 자신과의 싸움에서 매번 지는 나를 보며 내가 얼마나 강한지를 그때마다 실감한다'라는 문구를 읽었다. 이런 유쾌함이라니.

오늘 나는 완전히 승리했고 무참히 패배했다. 동네 열 바퀴를 돌겠다며 운동복까지 차려입었건만 배불리 먹고 숨만 쉬다가 그만 쓰러져 잠들어버렸으니까. 그러니까 당초 완전히 승리하고 무참히 패배하는 나와의 싸움은 시작하는 게 아니다.

걷기 열풍이 뜨겁다. 하루에 삼만 보를 걷고 가끔 십만 보를 걷는다는 배우도 있고 아예 출퇴근길을 걸어서 이동한다는 주변 사람들도 많다. 석 달 만에 십 킬로그램을 감량한 이웃은 매일 두세 시간을 걷는다고 했다. 먹고 걷고 먹고 걷기를 반복하니 두 다리가 땅에 닿기만 해도 절로 움직인다고. 헬스, 요가, 원푸드 다이어트 모두 해봤지만 매일 자신이 승리했는데 걷는 건 좀 달랐다고 했다.

"처음 걸을 때는 구부정했어요. 그러다 팔놀림이 가벼워지면서 어깨와 허리가 자연스럽게 펴지더라고요. 배 안의 내장이 꿀러덩 요동치면서 가스가 나오면 속도 편안하고요. 평소 내 보폭보다 오 센티미터 정도 늘려서 걸으니 자세도 운동 효과도 좋아졌어요. 매일 코스를 바꿔가며 걷는데 오랜만에 약의 도움 없이 꿀잠도 자고 먹는 것도 죄스럽지 않아 좋네요. 어때, 나랑 한번 걸어볼래요?"

실로 무시무시한 제안이었다. 아이들이 올 시간이라며 저녁 준비를 해야 한다고 정중히 거절했지만 미식가로 소문난 그이가 '아시아에서 제일 맛있는 국밥'을 사준다는 소리에 넘어가 발을 내딛고 말았다.

한강을 돌아 동네 고등학교 운동장에 도착하니 온몸이 천근만근이다. 오랜 진통 끝에 이제 막 출산한 임산부의 몰골로 걸어오는데 이런, 하늘에 별이 반짝반짝 빛난다. 어찌나 반짝이는지 뉴질랜드에 있다는 '아오라키 매켄지 국제 밤하늘 보호구' 한가운데에 서 있는 것 같았다. 서울에서 이런 호사를 누리다니. 다리는 저리고 후들거렸지만 노래가 절로 튀어나왔다.

찬 바람이 조금씩 불어오면은
밤하늘이 반짝이더라
긴 하루를 보내고 집에 들어가는 길에
네 생각이 문득 나더라
어디야 지금 뭐 해
나랑 별 보러 가지 않을래
너희 집 앞으로 잠깐 나올래
가볍게 겉옷 하나 걸치고서 나오면 돼

가수 적재의 〈별 보러 가자〉라는 노래다. 최근에 2030세대를 중심으로 '별 여행'이 유행이다. 별이 잘 보이는 명당을 공유하는 별 여행 커뮤니티도 생겼다고 한다. 사실 술 마시고 TV 보고 야근하느라 밤하늘을 제대로 올려다보질 않아서 그렇지 굳이 해외로, 지방으로 떠나지 않아도 별은 도심지에서도 초롱초롱 빛나고 있었다. 며칠을 더 걷다 보니 덤으로 얻은 건 별 구경만이 아니다. 지름길도 찾고 맛집도 발견하고, 무엇보다 '사람들'을 본다. 지나쳐오는 길에는 재래시장, 버스 종점, 기사 식당, 운동 용품 가게, 대학교, 고등학교, 초등학교, 유치원, 병원, 백화점, 은행, 분식집 등이 있고 그곳마다 부지런히 움직이는 사람들이 있다. 그리고 아무에게도 방해받지 않고 그들에게서 몇 미터 떨어져서 홀몸의 자유를 느끼는 나를 느낀다. 요란하게 뛰고 후드득 흘리는 땀은 없지만 몸도 가볍고 마음도 여유로웠다.

하버드대학교 정신의학과의 존 레이티(John J. Ratey) 교수는 앉아 있는 몸은 '죽은 몸'이라며 나이를 먹을수록 뇌가 쉽게 손상되기 때문에 운동은 아이들보다 성인 뇌에 더 좋다고 말했다. 레이티 교수는 고강도로 15분씩 운동하면 사망률이 22퍼센트 낮아진다는 연구 결과와 함께 운동으로 도파민 수치를 다시 늘릴 수도 있다는 희망적인 메시지를 전했다. 언제 어떻게 노화를 맞이할 것인지는 각자에게 달려 있다는 것이다.

사실 큰아이가 앞으로 머리가 아니라 몸이 '더욱' 좋아질 예정인 것은 모두 나의 탓이기도 하다. 고등학교 입학 즈음, 레이티 교수의 책 《운동화 신은 뇌(Spark)》를 권하며 운동이 두뇌 기능을 최적 상태로 만들어주고 학습 효과를 높인다는 사실을 알려줬다. 큰아이는 뇌를 활성화하고 살까지 빼겠다며 운동을 시작했는데 그 강도가 점점 높아지더니 급기야 자신의 몸을 넘어 친구, 가족들의 몸을 간섭하기 시작했다. 온 식구를 세워놓고 구령에 맞춰 푸시업, 스쾃을 시키지를 않나 자고 있는 친구를 깨워 한강까지 뛰어갔다 오고 가족들에게 반강제적으로 헬스 트레이닝까지 시킨다.

"엄마는 하루에 스쾃 20번 하고 마당 나가서 10바퀴만 걷고, 아빠는 플랭크 10분이랑 스쾃 30번, 달리기 30분 하고 근육 운동 좀 적극적으로 하고, 민찬이 너는, 음… 너는 그냥 일찍 자. 지금 근육 키우면 키 안 크니까 그냥 줄넘기 해"라며 개인별 운동 스케줄도 짜주었다.

마지못해 따라 하며 "지금쯤은 너의 뇌가 공부하기에 최적화 되어있지 않을까?"라고 애타게 물어보면 아직은 때가 아니라며 조금만 더 기다리라고 하길 수년째. 기다림에 애가 타지만 큰아이는 '앞으로 몸이 더 좋아질 예정'이니 동시에 '뇌'도 분명 좋아지겠지? 큰아이는 어찌 되었든 스스로와의 싸움에서 완전하게 승리한 셈이다.

온 가족이 자주 다니는 정형외과가 있다. 청소년기의 남자 아이들은 뼈가 부러지고 신경이 다치고 인대가 늘어나는 일이 허다하다. 턱뼈가 나간 것 같다고 전화가 오거나 절뚝이며 집에 들어와서는 쓰러지기도 한다. 처음에는 놀라서 아이를 업고 뛰다가, 다음에는 야단을 치고, 이제는 그러려니 하며 신용카드 쥐어 병원으로 보낸다.

그런데 이제 아이의 단골 병원에 우리 부부가 드나든다. 어깨며 무릎이며 안 아픈 곳이 없다. 그런데 원장님은 허리가 아파서 가도, 어깨가 결려서 가도, 무릎이 저려서 가도 뼈와 신경에 특별한 이상이 없는 한 약도, 물리치료도 해주지 않는다.

"뛰세요. 몸은 뛰다 보면 다 풀려요. 어깨도 좋아지고 허리도 좋아지고 무릎도 좋아집니다. 몸 아끼지 말고 뛰세요." 원장님은 각종 마라톤과 철인 삼종 경기를 완주한 베테랑 선수다. 구릿빛 피부, 말 근육의 의사 선생님은 다시 한번 강조한다. "안 뛰어서 아픈 거예요. 무조건 뛰세요."

아파서 병원을 찾은 환자에게 무조건 뛰라는 말은 참 받아들이기 힘든 처방이긴 하지만 오늘 걷고 보니 내일모레쯤은 뛸 수도 있을 것 같다. 그리고 일주일째 걷던 날, 의사 선생님이 왜 뛰라고 했는지 이해가 되었다. 신기하게도 어깨가 풀리고 허리가 편안해지고 무릎이 가벼워졌으니까 말이다.

사람에게 행복감을 주는 행동은 '걷기', '놀기', '말하기', '먹기'라고 한다. 우리가 일상에서 늘 하는 행동 같지만 또한 제대로 하기는 쉽지 않은 것들이다. 몇 주째 걷다 보니 걸으면 나 자신과 놀고 말하고 먹을 수 있다는 걸 알았다. 남들과 걷고 놀고 말하고 먹기 전에 나와 먼저 해보는 게 순서상 맞는 것일 텐데, 그동안 너무 남의 눈치만 보고 남에게서 행복을 찾으려 했다. 그러니 행복은 참 별거 아닌 것 같으면서도 참 별거인 거다. 나 자신과의 싸움에서 늘 이겨야 하니 말이다.

바이바 크레건리드(Vybarr Cregan-Reid)의 책 《의자의 배신(Primate Change)》에 따르면 우리 몸은 여전히 수렵, 채집 생활에 맞춰져 있어서 실내에서 일하는 오늘날의 생활 방식이 맹수들의 공격, 뜨거운 햇살과 추운 날씨, 더러운 실외를 피하는 것 이외에는 실제 큰 이점이 없다고 한다. 실내로 들어온 우리들의 생활 수준은 중세 시대의 왕보다도 나아졌지만 각종 알레르기 질환, 요통, 골다공증, 수면 장애, 당뇨병 등의 다양한 질환과 싸워야 하는 처지가 된 셈이다.

미세먼지와 각종 바이러스로 사람들은 점점 더 실내에서, 의자에서 많은 시간을 보내게 될 것이다. 많은 부분, 기계의 도움을 받을 것이고 코로나19가 가르쳐준 대로 과도했던 사람과의 접촉도 피하게 될 것이다. 어쩌면 환경은 다시 제 모습을 찾을 수도 있겠다. 사람 역시 오롯이 자신에게 집중하게 될지도.

영화 〈두 교황(The Two Popes)〉에서 베네딕토 16세는 늘 스마트워치를 착용하고 있다. 베네딕토가 잠시라도 한곳에 머물러 있으면 스마트워치는 명령한다. "멈추지 마세요. 계속 움직이세요."

베네딕토는 그의 뒤를 이어 교황이 되는 베르고글리오 추기경에게 자연에 멈춰 있는 건 없으며 심지어 주님까지도 항상 옮겨 다닌다고 말한다. 그러자 추기경은, 그렇다면 우리는 주님을 어디서 찾아야 하느냐고 묻는다.

"저희도 돌아다녀야겠죠."

교황이 답했다.

걷다 보면, 뛰다 보면 언젠가 신도 만날 수 있는 거였다.

오십이 가벼워지는 인생 공부 ⑰

노동과 운동은 다르다.
노동은 관절과 인대를 쓰고 운동은 근육을 강화시킨다.
하지만,
운동만 하고 노동을 하지 않는 것도
노동만 하고 운동을 하지 않는 것도 좋지는 않다.

몸에는 관절, 인대, 뼈, 근육만 있는 게 아니라 심장도 있고 뇌도 있다.
과한 운동은 심장에 무리가 오고 뇌를 지나치게 무료하게 만든다.
운동, 노동, 공부, 다 해야 좋다. 역시 사는 건 만만치 않다.

나는 '금사빠(금방 사랑에 빠짐)'다. 영화, 노래, 드라마, 심지어 십 년에 한 번 볼까 말까 하는 뮤지컬이나 오페라 무대의 주인공들에게도 쉽게 '사랑'을 느낀다. 소량의 마약을 흡입한 듯 팽팽한 흥분 상태가 된다. 무대 위의 그들은 각자만의 독특한 재능과 매력을 가지고 있고 그저 눈치 빠른 내가 그 매력을 먼저 알아보는 것뿐인데, 너무 쉽게 좋아하고 또 잊는 것 아니냐며 비난을 받으니 억울할 뿐이다. 다시 말하지만 나의 잘못이 아니다. 세상에는 실력 있고 매력 넘치는 예술가들이 너무 많으니까.

얼마 전부터는 방탄소년단을 응원하고 있다. 그들의 퍼포먼스에는 진짜로 피, 땀, 눈물이 보인다. 목소리 좋고 노래 잘하고 연기는 더 잘하는 실력파 배우에도 넋을 놓고 있다. 노래와 연기, 춤으로 타인을 더욱 풍요롭게 하는 사람들, 나는 그들의 팬이다.

팬심, 금사빠와 빠순이

노화에 특별한 대처를 하지 않은 배우의 얼굴에는 매우 정교한 주름이 살아 있다. '천상 배우'에게 기억에 남는 장면을 재연해달라고 하면 단 몇 초 만에 눈물까지 흘리며 당시의 감정을 끌어올린다. 기쁨과 슬픔, 분노의 감정이 순간적으로 교차한다. 얼굴의 많은 근육을 사용하는 배우들이 일반인들보다 잔주름이 더 많은 건 당연지사. 예쁘고 잘생긴 역할을 했던 배우들보다 굴곡진 삶을 연기했던 배우들의 얼굴이 대개 그렇다.

반면 보통의 사람들은 고유한 표정을 가진다. 심각하거나 불안하거나 화가 나 있거나 두려움에 차 있는 등 인생의 고행을 확연히 드러낸다. 행복에 찬 표정의 얼굴을 보는 건 흔치 않다. 처음부터 그랬던 건 아닐 것이다. 가볍지 않은 삶의 무게가 사람들의 얼굴에 잔주름 대신 깊고 굵은 주름을 남겼을 것이다.

미국의 심리학자 폴 에크먼(Paul Ekman)은 어느 문화권에 살든 사람의 표정은 타고나는 것이라며 보통의 사람은 43개의 얼굴 근육을 사용해 1만 가지 이상의 표정을 짓는다고 했다. 그 중 2000가지의 표정은 '기쁨', '슬픔', '분노', '놀라움', '공포', '경멸', '증오(혐오)' 같은 일곱 가지의 보편적인 감정으로 분류된다고 한다.

언뜻 보아도 '기쁨' 같은 긍정적인 감정보다 '슬픔', '분노' 등 부정적인 감정이 대부분인 것을 보면 부정적인 감정은 아무래도 숨길 수가 없는 모양이다. 행복해 보이는 사람보다 불행해 보이는 사람이 많은 건 바로 이 때문일까?

오랜만에 연락이 닿은 학교 후배는 알고 보니 방탄소년단의 열성 팬, 일명 '빠순이'였다. 멤버들의 성격, 취향, 춤, 노래 스타일을 꿰고 있을 뿐 아니라 미국에서의 각종 인터뷰 내용을 정확히 외우고 있었다. 팬심(fan心)으로는 뒤지지 않지만 좋아하는 스타를 위해 영어 공부를 다시 시작할 마음은 없는 나와는 다르게, 일본 공연을 제대로 보기 위해 일어까지 배우기 시작했다는 후배의 말에 두 손 두 발 모두 들었다.

그때 그 시절의 향수를 불러일으킨 드라마 〈응답하라 1997〉

의 주인공 성시원도 그룹 HOT의 빠순이. 평소에 멀쩡하던 애들이 어떻게 그런 광기를 부리는지 모르겠다는 주변 사람들의 말에 성시원은 빠순이의 기본은 열정이며 그 열정으로 사회에 나가서 다른 사람들보다 더욱 열심히 일한다는, 빠순이의 순기능에 대해 열변을 토했다. 빠순이를 향한 고정관념, 편견을 버리라고 일갈했다.

드라마는 어디까지나 드라마일 뿐이지만 HOT 빠순이였던 성시원은 결국 꼴찌 성적에도 원하는 대학에 가고 또 바라던 방송 작가가 된다. 젊은 나이에 병원의 외과 과장이 된 또 다른 빠순이는 대통령 후보의 부인이 되어서도 빠순이의 생활을 버리지 않는다. 드라마는 좋아하는 무언가에 미친 듯 빠질 수 있다면 그 사람은 무엇을 해도 성공할 수 있다는 '빠순이'의 교훈을 전해주었다.

사실 후배는 평소 외국어에 관심이 많고 사진 촬영도 작가 뺨치는 수준이고 담그지 못하는 김치가 없을 정도로 요리 솜씨도 베테랑에 경제, 문화, 사회 소식에도 두루 관심이 많아서 무슨 주제든 줄줄 이야기가 흘러나오는 사람이다. 호기심이 많고 에너지가 넘친다.

좋아하는 건 마음을 흥분의 상태로 만들어준다. 반면, 그 어떤 것에도 마음이 흔들리지 않는 사람은 안정이 아니라 무반응의 상태가 된다. 아무것에도 반응하지 않으니 긴장과 이완이 없고 탄력이 떨어져 고정관념이 생긴다. 변화 없는 평화는 무기력일 뿐이다.

적당히 흥분하고 이완할 줄 아는 빠순이, 금사빠는 연기파 배우들처럼 다양한 감정을 가지고 있어서 굵고 깊게 팬 주름 보다 잔주름이 남아 노화에 선방하는 셈이다. 물론 걱정 많은 세상, 근심을 털어내고 무엇엔가 열광하기란 쉽지 않지만 그 에너지가 미처 알아차리지 못했던 재능을 발견하게 하고 새로운 경제 활동의 시발점이 된다면 어떨까.

전 회사의 CAD팀(컴퓨터 지원설계 팀) 소속 차장님은 오디오 마니아였다. 업무 회의는 핵심만 짧게, 오디오 얘기는 길게 이어갔다. 유명 회사의 오디오 제품들을 꿰고 있을 뿐 아니라 직접 오디오를 만들기도 했다. 그러다 어느 날은 커피에 관심을 보였다. 25년 전의 일이니 일반인들이 원두니, 로스팅이니 하는 단어에 공감할 수 있는 시절이 아니었던지라 차장님은 적당히 맞장구를 치는 사람만 나타나면 열변을 토했다. 오디오, 커피 얘기만 나오면 눈꼬리가 치켜올라갔다. 그리고 얼마 안 있어 회사를 그만두었고 고향 어디에서 카페를 운영한다는 소리를 들었다.

지금처럼 카페 창업이 흔할 때도 아니고 커피 둘, 프림 셋, 설탕 둘을 타 먹을 때였는데, 카페에 한번 다녀온 같은 팀의 대리는 "차장님, 역시야. 본인이 직접 로스팅한 원두로 커피를 내리고 직접 만든 오디오로 음악을 틀고 계시던데?"라고 했다. 자신만의 커피와 오디오를 누군가에게는 보여주고 싶은데 그 방법이 카페밖에는 없더라는 것이다. "차장님 눈이 아주 그냥 찢어져 있더라고."

산업용 컴퓨터를 다룰 줄 아는 사람이 많지 않던 시절, 높은 연봉의 자리가 줄줄이 기다리고 있었을 텐데, 차장님은 결국 커피를 볶고 오디오를 만들었다. 차장님이 높은 연봉을 받고 다른 기업으로 이직을 하는 것보다 '성공'하였는지, 아니면 퇴직금을 탈탈 털어 개업한 카페가 폭망했는지는 잘 모르겠다. 하지만 눈망울을 반짝이며 오디오와 커피에 대한 이야기로 행복해하던 모습은 지금도 잊히지 않는다. 지금이라면 오디오와 커피에 대해 적당히 맞장구쳐드릴 수 있을 텐데, 아쉽다.

"어마마마, 그 나이에 그런 뮤직비디오 보고 계시면 안 되십니다. 어머님께서는 제발 주식, 부동산, 이런 데 관심을 가져주십시오."

방탄소년단의 뮤직비디오를 보며 춤을 따라 하자 큰아이가 시비를 걸었다.

"야야야~ 내 나이가 어때서"라고 응수했지만 주변에서 걸어오는 태클에 자꾸 기가 죽는다. 나이가 무엇에 대한, 누구에 대한 팬심을 부끄럽게 하는 장애가 돼서는 안 되는데. 동경, 관심, 흥미의 눈꼬리를 지키지 않으면 그 어떤 일도 시작하지 않고 한숨만 쉬며 나이 변명만 늘어놓고, 진짜 '사는 이야기'만 하게 될 텐데.

"그럼 이건 어때? 엄마 젊을 때 인기 있던 노래인데, 좋지?" 레트로 열풍에 요즘 아이들에게도 제법 익숙한 80~90년대 노래를 함께 듣고 있자니 아들과 동갑이 된 듯 그 시절의 패기와 열정이 샘솟는 듯하다. 아니, 아니다. 기억은 재구성되기 마련. 사실 그때의 나는 실로 볼품없었다. 실력도, 재능도 없다며 모든 가능성에 선을 긋고 동굴에 들어가 잔뜩 움츠리고 있었다. 투덜거렸고 부정적이었고 시니컬했다. 풍덩 빠질 용기도 없으면서 자리에서 떠나지도 못한 채 팔짱만 끼고 있었다.

그러니 방탄소년단에도, 트롯에도, 탑골 발라드에도 금세 사랑에 빠지는 지금이야말로 무언가를 경계 없이 바라보고 한계 없이 시도해볼 수 있는 적기가 아닐까?

일본에 니시카와 미와(西川美和)라는 여성 감독이 있다. 우리나라에서도 유명한 영화 〈아무도 모른다(誰も知らない)〉, 〈그렇게 아버지가 된다(そして父になる)〉, 〈바닷마을 다이어리(海街diary)〉의 감독인 고레에다 히로카즈(是枝裕和)가 제작한 영화 〈산딸기(蛇イチゴ)〉로 데뷔했다. 영화 〈유레루(ゆれる)〉를 감독했고 소설이나 에

세이 작가로도 유명하다. 그녀가 쓴 산문집《료칸에서 바닷소리 들으며 시나리오를 씁니다(映畫にまつわるXについて 2)》에는 "소설로 쓰면 0엔, 영화로 하면 수백만 엔"이란 표현이 나온다.

그렇다. 고맙게도 상상은 늘 공짜다. 좋아하는 마음도 공짜다. 그 공짜의 우물에서 끌어올린 정제수는 어쩌면 수천만 원, 아니 수천억 원이 될지도.

아직 늦지 않았다. 나는 여전히 금사빠, 빠순이고 싶다.

오십이 가벼워지는 인생 공부 ⑱

애국가를 들으면서도 울컥, 사가(社歌)를 들으면서도 울컥. 드라마, 영화, 소설, 만화를 볼 때는 멜로, 공포, 추리, SF 가릴 것 없이 옷섶이 젖는다. 이상한 지점에서 그저 울컥.
그런데 유독, 현실에서는 눈물이 없다. 캔디처럼 더 또렷해진다.

아무래도 가상 공간에서 사는 것 같다.

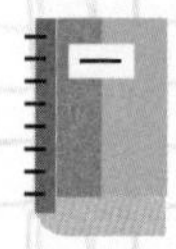

바이러스 하나로 온 세상이 정지해버렸다. 모두가 집으로 숨어들 때 전쟁보다 더 전쟁 같은 의료 현장으로 의사, 간호사들이 뛰어갔다. 가족을 뒤로하고 개인 병원의 문을 닫고서 말이다.
'집콕'하는 동안, 살인 사건의 누명을 쓰고 십 년을 복역한 젊은이의 재심을 맡아 무죄를 이끌어낸 재심 전문 변호사의 영화를 보았다.

의사와 변호사.
우리나라 이과, 문과에서 최고의 성적을 받는 학생들이 갖는 직업이다. 그래서 그들의 직업은 늘 '있어 보이는' 직업이었지 원래의 취지대로 '있어야 하는' 직업으로서의 설득력은 약했다.
이들이 많은 돈을 벌고 명예를 얻는 것은 그만큼 영향력이 크기 때문이다. 변호를 잘못하면 죄 없는 사람이 감옥에 가고 몹쓸 범인이 거리를 활보한다. 의사의 손에는 사람의 생명이 달려 있다.
생명을 살리고 억울한 이의 누명을 벗겨주는 일은 화려한 직업으로 대우 받을 일이 아니라 그저 당연한 원칙이었다.

원칙, 불 켜진 방의 장난감 치우기

"아, 이 부장님 완전 보수 꼴통이시네요."

술자리가 왁자지껄할 때쯤이었다. 어쩌다, 누군가의 입에서 정치 얘기가 나왔고 잘 넘어가는 것 같더니 특정인에 대한 옹호와 반대로 갈렸고 결국 '보수 꼴통'이니 '좌빨'이니 하는 말들까지 나왔다.

술 때문이었을 게다. 평소 자신의 주장을 펴는 데 소극적이었던 두 사람이었는데 확연히 다른 정치적 견해로 불꽃이 튀었다. 주변 사람들 일부는 가세하고 일부는 다른 곳으로 화제를 돌리려 애썼지만 결국 자리는 수습할 수 없을 정도로 싸늘해졌고 급히 해산하게 되었다.

식탁 위에 종교, 정치의 주제는 올리지 말라 했는데 하물며 술자리에 올리다니. 같은 회사에서 20년 넘게 함께 일하며 의견이 멀어지고 좁혀지기를 수십 차례 한 사이이거늘 어쩌다 밥상 끝과 끝에서 헤어지게 된 건지. 그 후로 두 사람은 온라인에서 설전을 이어갔다. 각자의 취향에 맞는 기사에 '좋아요'를 누르고 과감하게 자신의 신념, 정치적 견해를 피력했다. 술자리에서 못다한 거친 말도 서슴지 않았다.

'아기예수 사바세계 오신 날(명승 제77호 산방산 지킴이 산방사)'.

크리스마스 즈음, 어느 절 앞에 붙은 플래카드다. 나의 '신'만 아니라 공존하고 있는 다른 영역의 '신'에게도 공손히 예를 표하는 모습이 어찌나 따뜻한지. 부처님 오신 날에는 성당에서 보내온 난초가 불상 앞에 놓였다. 자신의 '진영'이 확실한 예수님과 부처님, 알라신, 기타 등등의 수많은 신도 이렇게 서로를 존중하는데, 인간들이 각자 다른 의견을 가졌다고 서로의 의견에 귀 기울이지도 않고 헐뜯고 비난하다니. 처음부터 공감하기를 거부하는데 대화가 통할 리가 있을까. 두 분의 부장님 모두 똑같이 '옐로카드'감이다.

정치뿐이 아니다. 남자는 여자를 공격하고 여자는 남자를 혐오하고 젊은이는 노인을 욕하고 노인은 젊은이를 무시한다. 대수롭지 않게 시작된 의견 다툼은 조직을 가르고 지역을 나누고 나라를 분열시키는 큰 싸움이 된다.

솔직히 진보가 무엇이고 보수가 무엇인지, 왜 젊은이와 노인들은 시간차일 뿐인 인생을 두고 서로를 비난하는지 잘 모르겠다. 무슨 커다란 원칙이 있는 것 같지도 않고 대의나 선의가 있어 보이지도 않는데, 사물을 보는 눈이 조금씩 다르다는 이유로 서로 싸우는 모습은 바라보기 부끄럽고 속상하다.

영국의 역사학자인 폴 존슨(Paul Johnson)의 책 《지식인의 두 얼굴(Intellectuals)》을 통해 새로운 사실들을 알게 되었다. 작곡가 바그너와 드뷔시는 여러 여성을 헌신짝처럼 버렸고, 철학자 루소는 세탁부였던 아내를 '천하고 무식한 계집'이라 멸시하며 그녀와 자신 사이에서 낳은 아이 다섯 명을 모두 고아원에 내다 버렸다. 마르크스는 자본주의의 모순과 계급 해방을 주장하면서도 45년간 가정부를 착취했고, 헤밍웨이 역시 어머니를 혐오하고 아내를 착취했다.

18세기 절대 권력을 가졌던 성직자들이 몰락한 뒤 지식인들은 철학, 과학, 의학 등의 지식을 이용해 성직자의 자리를 꿰찼다. 성직자가 자신들을 신의 전달자로 생각했다면 지식인들은 '지식'을 이용해 스스로 절대자, 권력자가 되었다.

그 이후 인류는 지식인들이 세상을 발전시키겠다는 명분 아래 수백만 명의 무고한 목숨을 희생시키는 것을 목격했다. 이 책의 저자는 지식인들을 조심하라고 경고한다.

물론 세상은 새로운 이념과 또 다른 이념의 싸움을 통해 발전해왔다. 하지만 이 책 속의 지식인들처럼, 목적을 위해서라면 개인으로서의 삶의 태도, 인간적인 도리를 져버려도 되는 걸까? 목적을 위한 위선은 정당한 걸까? 이런 생각으로 혼란스러워졌다.

〈순간포착 세상에 이런일이〉는 초등학생들이 가장 좋아하는 프로그램 중의 하나다. 세상엔 정말 별일도, 별사람도 많다. 어느 주차장 담벼락에는 담배꽁초로 꽉 찬 생수통과 철제 박스가 산을 이루고 있다. 무려 254통. 한 통에 들어가는 꽁초가 대략 5000여 개라고 하니 총 130만 개 정도의 담배꽁초가 있는 셈이다. 왜 더럽고 냄새나는 꽁초를 버리지도 않고 모아두는 건지, 요상한 취미를 가진 사람은 또 어떤 사연이 있는 건지, 하던 일을 멈추고 TV 앞에 앉았다.

주인공은 환경미화원으로 일하다가 퇴직한 어르신이었다. 어르신은 이른 새벽이면 어김없이 거리에 나타나 음식점 주변에 어지럽게 버려져 있는 담배꽁초를 주워 주차장으로 들고 온다.

어르신은 음식점 금연이 실시된 이후 거리에 버려진 수많은 꽁초를 보고 꽁초 줍기를 시작했고 사람들에게 경각심을 주기 위해 버리지 않고 모으고 있었다. 어르신은 동네 곳곳에 스무 개가 넘는 재떨이도 설치했다.

“왜 이 일을 하세요?”라는 PD의 질문에 어르신은 어색한 듯 대답했다. “내 일이니까.”

순간, 뒤통수를 한 대 세게 맞은 것 같았다. 거리에, 누가 피웠는지도 모를 꽁초를 줍는 일이 ‘내 일’이라니. 그러니까 어르신에게는 ‘거리의 환경’이 남 일도 아니고 우리의 일도 아니고 바로 ‘내 일’인 거다.

젊음이 아름다운 건 삶의 방향에 대해 질문하고 실패하고 도전하는 과정을 거치기 때문이다. 그 해답을 찾지 못한다 해도 끝없이 ‘왜’, ‘어디로’ 같은 질문을 던져야 한다. 그렇지 않으면 어느새인가 먹고 자고 입는 것의 기본적인 욕망 그 언저리에서 헤매는 노인이 되는 것이다.

어르신은 남들에게 꽁초를 주우라고, 버리지 말라고 훈수를 두는 대신 그저 묵묵히 누군가가 버린 더러운 꽁초를 주웠다. 그리곤 담벼락에 쌓아두고 소리 없이 타일렀다. ‘거리를 지키자’라고.

어떤 이들은 말한다. “알잖아. 나 원래 그런 사람 아닌 거.” 그러고는 흰 웃음을 지으며 이상한 금융 상품을 만들어 사기를 치고 부당 이익을 챙겨 법의 틈새를 교묘히 빠져나간다. 지식을 이용해 위법을 편법으로 위장하고 합법이라고 우긴다. 그런 것을 바로 ‘내 일’이라고 말하고 ‘특권’이라고 우쭐대기도 한다.

생각하는 대로 살지 않으면, 사는 대로 생각하게 된다고 했던

가. 원칙 없이 살면 자신의 궤변에 빠져, 목적과 이념을 위해 약한 자들을 희생시키면서도 그 죄악을 모르던 18세기 지식인처럼 될지 모르겠다.

쓰레기를 버리면 안 되고 신호를 지켜야 하고 새치기하면 안 되고 거짓말을 해서는 안 되며 공공의 이익을 위해 최선을 다하는 것, 결국 요약해서 '착하게 살아야 한다'라는 원칙은 사실 지루하고 고리타분하다. 아니, 손해 보는 일처럼 느껴진다. 하지만 나의 행동이 나 하나에서 끝나는 게 아니라 반드시 누군가의 생명, 안전, 행복에 영향을 준다는 걸 눈에 보이지도 않는 바이러스를 통해 명확히 깨달았다. 내가 지키지 않은 이 작은 원칙 하나로 아프리카의 누군가가 혹은 내 자손의 자손이 생명의 위협을 받게 될지도 모른다. 우리 모두는 퍼즐 조각처럼 촘촘히 얽혀 살고 있지 않은가. 조각 하나를 잘못 끼우면 모두 풀어서 처음부터 다시 시작해야 한다.

영화 〈스포트라이트(Spotlight)〉는 제88회 아카데미시상식에서 작품상, 각본상을 수상한 수작이다. 가톨릭의 아동 성범죄에 대한 진실을 파헤치는 기자들의 이야기를 다뤘다. 영화의 어디 즈음에는, 우리는 모두 어둠 속에서 넘어지며 살아가고 있고 갑자기 불을 켜면 탓할 것들이 너무 많이 보인다는 대사가 나온다.

불 켜진 방에서 세상을 탓하는 건 너무 쉬운 일이다. 몇 가지 그럴싸한 법칙들만 빌려 와도 지식인처럼 보이는 건 어렵지 않다. 그러나 세상은 탓하는 사람들이 아니라 불 꺼진 방 안에서도 그저 묵묵히 발밑에 흩어져 있는 뾰족한 장난감을 치우는 사람들에 의해 움직인다. 지키고, 바로잡아가는 사람들에 의해 세상은 지켜진다. 갑자기 불이 켜진 뒤 이제라도 발이 다치지 않게 된 걸 감사히 여기는 사람들 말이다.

과학책을 읽던 작은아이가 말했다. "엄마, 우리가 태양까지 걸어가는 데 4300년이 걸린대." "그래? 근데 그런 건 누가 계산을 한다니? 어떻게 걸어가, 걸어가길." 태양으로 가는 길, 비록 멀지만 계속 걷다 보면 언젠가 닿을 거라는 믿음을 가진 누군가의 셈법처럼, 그리고 그 엄청난 셈법을 믿는 아이들처럼 밝은 태양을 향해 서야겠다. 그것이 어른이 되는 첫 번째 자세 아니겠는가.

담배꽁초를 주워 거리가 깨끗해지는 건 태양으로 가는 길처럼 닿을 수 없이 먼 길이지만 불 꺼진 방에 흩어져 있는 위험한 장난감을 치우는 일이기도 하고, 다시 처음부터 퍼즐을 시작하지 않도록 중간 중간 호루라기를 불어 경각심을 주는 행동이기도 하니까 말이다.

모두가 '위시 리스트'를 만들 때 인생의 '그라운드 룰'을 만든 담배꽁초 어르신의 바통을 우리 모두 이어받길 바란다. 탁! 무륜을 치며, 게임은 시작됐다.

"아이 엠 그라운드, 원칙 하나 대기."

오십이 가벼워지는 인생 공부 ⑲

나의 그라운드 룰 하나,
'기브 앤 테이크(give and take)' 하지 말자.
경제 이론상 거래는 등가(等價)여야 하지만 인간관계에서는 '기브'했다고 '테이크'할 생각하지 말자. 잔뜩 기대하다 섭섭해지고, 억울해지고 결국 사달난다.
'기부(寄附)'도 마찬가지.

'원칙'에는 꾸준함이 필요하다.

코로나19로 서로 다른 병원에 입원했던 노부부의 아내가 사망한 사건이 있었다. 남편은 아내의 임종도 지키지 못했고 입관식에도 갈 수 없었다고 한다. 비슷한 시기, 작은 아버지의 갑작스러운 부고를 들었다. 감염 위험에 절대 내려오지 말라는 사촌 언니의 전화도 받았다. 장남인 사촌 오빠는 하늘길이 막혀 올 수도 없다 했다. 이게 당최 무슨 일인가.

눈앞이 흐려지는 일들이 자꾸 생긴다. 비로소 생각해본다. 누군가의, 그리고 나의 '죽음'을.

죽음, 준비하는 자에겐 선물

'죽은 나를 본다.'

영화 〈식스 센스(The Sixth Sense)〉의 반전은 그야말로 '소오름'이었다. 영화의 마지막 장면에서 추운 밤 남편을 그리워하며 누워 있는 아내의 입에서는 하얀 입김이 나온다. 그런 아내를 바라보는 브루스 윌리스에겐 입김이 없다. 그리고 또르르 떨어지는 반지. 그는 비로소 깨닫는다. 죽은 자는 바로 자기라는걸.

밀레니엄을 앞두고 개봉한 〈식스 센스〉는 마지막 장면 하나로 관객들을 꽁꽁 얼어붙게 만들었다. 예쁜 눈을 가진 아역 배우는 브루스 윌리스에게 말했다. "어떤 유령은 자기가 죽었다는 것조차 몰라요. 유령들은 자기가 보고 싶은 것만 봐요."

예고 없는 죽음은 많은 시간이 흘러도 가족 그리고 자신조차 받아들일 수 없는 것일까? 아내는 생의 온기를 잃은 채 남편과의 결혼식 비디오를 돌려보고, 죽은 남편은 그제야 자신의 죽음을 목도한다.

자신의 죽음을 목도한다면 어떨까?

15세기 조선 시대 선비들은 자신의 죽음을 바라보며 애도하는 자만시(自晩詩)를 짓기도 했다. 대개의 선비들이 타인의 죽음을 애도하는 만시(晩詩)를 썼는데, 세조가 단종으로부터 왕위를 뺏을 적 절개를 지킨 생육신 중 한 명인 남효온은 자신이 죽었다는 가정 하에 자만시를 썼다.

남효온은 자만시에서 다섯 딸은 아버지를 찾아 울고 아들 하나는 하늘을 부르며 곡을 한다고, 무덤 앞에서 애통해하는 자녀들의 모습을 마치 직접 본 듯 생생히 묘사했다. 그러고는 집이 가난하여 술이 넉넉지 못했으며 행실이 더러워서 미치광이로 불렸고 허리가 곧아 높은 사람을 노엽게 했으며 신발이 뚫어져 발꿈치가 돌에 채이고 집이 낮아 서까래가 이마를 때렸다며 어린 시절의 가난과 살면서 한스러웠던 일을 털어놓았다. 남효온은 이 자만시를 남기고 3년 뒤 세상을 떴다.

나의 죽음을 상상한다면 우선 남은 가족에 대한 걱정과 지난 삶에 대한 반성과 후회, 아쉬움이 클 것이다. 하지만 걱정이나 두려움 이상으로 지금 살아 있는 것에 대한 감사함과 남은 삶만큼은 더욱 뜻있게 살아보겠다는 의지도 생기지 않을까? 〈식스 센스〉의 주인공처럼 죽어서도 받아들일 수 없을 정도로 느닷없는 죽음이 되지 않도록 성실하게 죽음을 '준비'하게 되지 않을까?

그래서일까? 최근에는 남효온의 자만시처럼 자신의 죽음을 미리 상상하고 준비할 수 있는 '죽음학'이라는 학문이 등장했다. 죽음도 준비와 교육이 필요하다는 취지인데, 초기에는 응급구조대원, 간호사 등 죽음을 직·간접적으로 체험하고 목격하는 이들의 트라우마 극복에 초점이 맞춰졌지만, 점차 개인의 죽음에 대한 '이해와 준비'로 그 영역을 넓혀가고 있다. 탄생은 자의가 아니었지만 죽음만큼은 나의 태도와 의지를 반영코자 하는 인간의 마지막 노력이라고 할까.

중환자실에서 깨어난 적이 있다. 신체의 모든 기능을 기계에 의존한 상태였는데 깨어나는 순간이 잊히지 않는다. 의식이 돌아오는 희미한 순간, 아득하고 먼 곳에서 뛰어오는 나의 모습을 보았다. 그리고 경계를 넘어오려는 발버둥처럼 차가운 얼음물에서 후드득 깨어났다. 손가락 하나 까딱할 수 없는 상태였지만 많은 얼굴이 떠올랐고 단지 이 세상으로 넘어왔다는 다행스러움에 안도했던 것 같다. 물론 인간은 망각의 동물이고 회복탄력성이 매우 강한지라 아등바등하며 살지 않겠다는 큰 다짐이 물거품처럼 되어버렸지만 삶이 더 이상 '당연'한 것이 아닐 수 있다는 걸 깨달았다. 죽음에 대한 공포는 삶에 대한 불손한 자세를 교정해주었다.

아프리카 세렝게티 초원에는 추운 겨울, 수백만 마리의 얼룩말들이 몰려들어 새끼를 낳는다고 한다. 사자, 호랑이, 하이에나가 지켜보는 가운데 겹겹이 서로를 감싸고 새끼를 낳는다. 그 새끼들이 포식자들에게 잡아먹히지 않으려면 태어난 지 30분 만에 일어서고 적어도 2~3시간 안에는 달려야 한다. 넘어지기를 반복하던 새끼들은 포식자들이 다가오는 순간 홀연히 일어나 어미를 따라나선다고 한다. 삶은, 살아 있으려는 노력은 그런 건가 보다. 태어나자마자 걷고 뛰어가다니. 생명체에게 살아남으려는 의지는 상상을 초월하는 에너지인가 보다.

그런데, 그 상상을 초월하는 에너지를 스스로 끊어버리는 현장을 목격해버렸다. '쿵' 하고 무거운 물체가 떨어지는 듯한 굉음이 났고 놀란 사람들이 몰려들었다. 그 중 일부는 아무렇게나 흩어져버린 죽음을 목격했다. 나이가 지긋한 어르신이라 했는데 스스로 죽음을 선택할 수밖에 없었던 사연이 무엇인지는 몰라도 가슴이 두근거리고 손이 떨려 서 있기도 힘들었다. 얼굴도 이름도 모르는 사람의 죽음에 한동안 마음이 어지러웠다.

포식자들이 공격하려는 일촉즉발의 순간에 홀연히 발걸음을 떼는 탄생의 에너지가 이리 허망하게 스러지다니. 어떤 사연이기에 세상과의 인연을 이렇게 놓은 것인지. 세렝게티 초원에서 태어나는 새끼들의 그 무시무시한 에너지로 불꽃처럼 살다가 책임감 있고 자연스러운 모습으로 맞이해야 하는 것이 죽음이거늘.

"인생 초반은 탄생에 적응하는 시기고, 중반은 세상의 것들과 인연을 맺는 시간들이고, 이제 내 나이가 되면 조용히 이별을 준비해야지. 어떻게 하면 훌륭하게 죽을 수 있을 것인지가 가장 큰 숙제야."

팔순이 넘은 엄마는 자꾸 잘 죽어야 한다고 말한다. 죽을 때까지 정신 줄 놓지 않고 살다가 자식들과 미리 이별하고 편안하게 가고 싶다고.

"그게 뭐 마음대로 되나? 누군 정신 줄 놓고 싶어 놓고, 누군 아프고 싶어 아프고, 누군 이별 인사 하고 싶지 않아서 갑자기 가나? 그런 얘기 하지 마시고 좋은 옷 입고, 맛있는 음식이나 많이 드셔." 엄마는 아직도 가계부를 쓰고 모든 일을 기록하며 휴대전화를 젊은이보다 더 다양하게 활용하고 누워서라도 팔다리 운동을 빼놓지 않는다. 그게 다 훌륭하게 죽기 위함이라고 했다.

훌륭하게 죽는 건 축복 속에서 태어나는 것만큼이나 중요한 일인가 보다. 아직은 어찌해야 '훌륭하게' 죽을 수 있을지 잘 모르겠지만 이런 자만시를 미리 써놓는다면 혹시 가능한 일이 될까?

소박한 상차림에 평소 좋아하던 이들이 더러 다녀갔다.
나의 가족은 때때로 찾아오는 슬픔과 그리움에 눈물 흘리지만
조만간 나의 바람대로 화목한 식탁에 과하지 않은 음식으로
평범한 추억을 나눌 것이다.

위대한 일을 하지는 못했지만 남이 급할 때 문 열어주었고
베푼 것은 잊어도 얻은 먹은 것은 잊지 않으려 노력했으니
셈법대로 살았다면 큰 죄책감은 없겠다.

오십부터 나의 삶을 기록하여 남긴다.
오십 하나에는 자식들로부터 내 마음이 자립하는 데 애썼다.
오십 둘에는 새로운 일을 시작했고 두려웠지만 즐거웠다.
오십 셋에는 사람들에게 도움이 되는 일을 찾기 시작했다(후략).

이제 나도 '훌륭하게 죽는' 프로젝트를 시작해볼까 한다. 자만시는 해를 거듭할수록 조금씩 길어지겠지. 의역하면, 더없이 잘 살아낼 계획들이 될 것이다.

작은 아버지의 부고를 전하며 사촌 언니는 말했다. "잘 사시

다 돌아가셨다. 편하게 가셨어. 잘 보내드릴 테니 걱정 말아라." 좀 더 좋은 시절에, 꽃상여는 아니어도 많은 친척의 배웅을 받으며 가셨으면 더 좋을 일이지만 큰 고통 없이 가셨으니 그 또한 행복이라고 했다.

사람은 망각의 동물이니 가까운 이들의 죽음은 얼마 지나지 않아 잊힐 테지. 하지만 우리는 언제든 죽을 수 있고 그 죽음을 위해 지금은 열심히 살아야 한다는 것까지 망각해서는 안 되겠다.

죽음은 분명 준비하는 자에게는 선물이 될 것이다.

오십이 가벼워지는 인생 공부 ⑳

배불러 죽겠어.
좋아 죽네.
예뻐 죽겠네.
우리는 왜 자꾸 죽겠다고 하는 건지.
죽음을 넘어서는 기쁨이라도 있는 걸까? 극과 극은 통하니까?

그래도, 사는 얘기만 하자.

남녀공학 고등학교에 다녔다. 매우 시니컬했던 것으로 기억되는 사회 선생님은 교실에 들어서면 인상을 쓰며 창문부터 열라 하였다. 강풍이 몰아치는 한겨울, 열기 싫다고 버티면 "야, 너희들이 중간에 까먹은 밥 냄새에 여자 냄새까지 범벅되어서 선생님이 너무 괴로워"라고 하셨다.

키가 매우 컸던 영어 선생님 역시 남자 반에 들어가면 창문부터 열라고 하셨다. 땀 냄새, 남자 냄새로 숨이 막힐 것 같다고.

사람에게, 여자에게, 남자에게 나는 특유의 '냄새'가 있다는 걸 그때 알았다.
앞으로는 '나이 냄새'를 걱정하게 되겠지?

냄새, 나쁜 냄새 & 좋은 향기

세상에는 여러 종류의 냄새가 있다. 나는 하릴없이 후각만 예민해서 주변의 많은 냄새를 맡는 편이다. 예민한 후각 덕에 집안일 중 빨래를 가장 열심히 한다. 청소년 냄새, 갱년기 냄새를 없애려는 노력인데, 그래서일까? 가끔 들르는 언니는 "야, 복도에서부터 세제 냄새가 난다"라며 몸에 좋지도 않은 세제를 왜 그리 많이 쓰냐고 타박이다. 아닌데, 복도의 향은 옆집 세제 냄새인데….

예전에는 나프탈렌 냄새가 나는 집들이 많았다. 좀 벌레를 퇴치할 수 있다고 해서 장롱 밑바닥에 한두 개 넣어두는 경우가 많았는데 향이 강해서 옷이나 집안 곳곳에 냄새가 배었다. 지금의 세제 냄새처럼 말이다.

사람마다 예민하게 반응하는 향도 다르다는데 나는 예나 지금이나 꽃보다는 석유, 고무 냄새를 더 좋아한다. 물비린내, 나프탈렌 냄새는 질색이다. 하루는 큰맘 먹고 남편이 선물로 받아 사용 중인 애프터쉐이브의 향이 싫다고 했더니 남편은 기다린 듯 내가 마시는 시나몬이 들어간 커피 향을 좋아하지 않는다고 응수했다. 큰아이는 곰팡이 냄새에 유독 예민하고 작은아이는 형이 치약 같다며 손도 대지 않는 민트 향의 아이스크림을 가장 좋아한다.

냄새는 추억과 함께 봉인되기도 한다.

회사 첫 출장지였던 포르투갈에서 맡았던 호텔 냄새와 와인 향은 오래도록 포르투갈을 떠올리게 했다. 어릴 때, 큰 외삼촌 방에서는 묘한 냄새가 났다. 층층이 쌓여 있는 고서에서 나는 한지와 먹 냄새, 그리고 머리에 바르는 포마드 기름 냄새라는 걸 뒤늦게 알았다. 포마드 기름 냄새는 제사 지내러 가던 어린 시절의 추억과 외가 식구들을 떠올리게 한다.

물론 냄새에 좋은 기억만 있는 것은 아니다. 싫어하던 상사가 뿌리던 향수 냄새는 아무리 고급진 향이라 해도 두 번 다시 맡고 싶지 않다. 국민학교 시절, 푸세식 화장실에 가는 건 정말 큰 고역이었다.

‘불행’의 냄새도 있다. 옆집에서 풍기는 악취는 홀로 죽어간 이웃의 고독과 슬픔이고 아카데미시상식에서 4관왕을 휩쓴 영화 〈기생충〉을 관통하는 것은 지하철 냄새, 즉 가난의 냄새다.

사실 사람의 일상에는 음식 냄새, 분뇨 냄새 등 수없이 많은 악취가 있다. 고대인들은 이런 악취를 없애기 위해 향수에 의존했다. 상하수도 시설이 발달하지 않은 탓에 늘 지저분한 냄새에 시달렸던 유럽의 귀족들은 언제나 향이 묻은 손수건과 향료갑을 지니고 다녔다. 가발과 치렁한 옷, 침구의 냄새를 없애고 집안의 벌레들을 쫓는 데 모두 향이 사용되었다고 한다. 우리나라에도 고구려와 백제의 승려가 중국에 파견되었다가 돌아오면서 향료를 가지고 들어왔고 신라 시대에 대중화되었다. 최초의 알코올 향수는 1370년경 헝가리의 왕비 엘리자베스를 위해 만들어진 ‘헝가리 워터’로, 엘리자베스는 이 향 덕분에 일흔이 넘은 나이에도 폴란드 왕에게 구혼을 받았다고 한다. 신성한 종교 의식을 위해, 이성을 유혹하기 위해 사람들은 점점 더 강하고 좋은 향에 집착하기 시작했다. 고약한 냄새와 강한 향수 냄새가 뒤섞여 유럽 귀족들의 후각 기능은 온전치 못했을 거라 추측한다.

파트리크 쥐스킨트(Patrick Suskind)의 소설을 영화화한 〈향수 - 어느 살인자의 이야기(Perfume: The Story of a Murderer)〉는 ‘눈으로 느

끼는 냄새'라는 평을 들을 정도로 후각의 특성을 스크린에 완벽하게 재현해냈다는 평가를 받았다.

18세기 프랑스, 생선 시장에서 사생아로 태어난 주인공은 천재적인 후각을 가졌다. 어느 날 그는 한 여인의 매혹적인 향기에 끌리게 되고 그 향기를 소유하고 싶은 욕망에 휩싸인다. 이후 그는 아름다운 여인들을 죽이고 향을 채취하기 시작한다. 결국 경찰에 체포된 주인공은 광장의 단두대에 오르지만, 그가 여인들을 죽여 만든 향수를 뿌리자 광장에 모인 온 시민이 정신을 잃고 이성에 탐닉하게 된다. 그리고 주인공은 결국 그 향을 소유하고자 하는 사람들에게 뜯겨 흔적도 없이 사라진다.

아름다운 여인을 죽여 그녀들의 나체에서 채취한 향수. 섬뜩할 정도로 훌륭한 연기와 연출 덕분에 그 이후 출장에서 돌아오는 길, 면세점에 주르륵 놓인 향수를 볼 때마다 영화의 장면이 떠올라 소름이 돋았다.

이 소설과 영화는 아름다운 여인에게서는 누구도 거부할 수 없는 향이 난다는 것을 전제로 하는데, 과연 그럴까? 아무리 외모 품질이 높다 해도 감지 않은 머리에서 나는 냄새, 배설물에서 나는 냄새, 입 냄새, 몸의 지방 냄새 등 각종 화학 성분으로 이루어진 냄새는 타인뿐 아니라 자신에게도 불쾌감을 주는 악취이지, 결코 향내는 아니다.

그런데 나이가 들수록 이런 사람의 냄새가 강해진다고 한다. 젊었을 때만큼 노폐물을 분해하고 배출하는 기능이 원활하지 않아서다. 운동을 통해 적극적으로 배출하고 씻어내지 않으면, 피지 중 지방산이 '과산화지질'이라는 물질로 산화되면서 나는 냄새를 막을 수 없다.

그러니 여인의 몸에서 나는 향기를 모으면 집단적 광기를 불러일으킬 만큼 치명적인 향이 만들어진다는 설정은 애당초 있을 수 없는 일이다. 그저 감각적인 상상의 산물일 뿐이다.

상대에 대한 느낌을 판단하는 건 얼굴만이 아니라 오감을 통해서 얻은 정보의 종합 결과물이다. 목소리, 냄새, 말투, 행동 등 모두가 해당한다. 귀가 어둡거나 맛을 느끼지 못하고 잘 보이지 않는 건 자신의 주관적인 불편함이지만 사람의 냄새는 일흔 넘은 엘리자베스가 헝가리 왕의 환심을 살 정도로 상대의 호감을 불러일으키는 요소다. '가난의 냄새'처럼 '중년의 냄새'는 타인을 배려하지 않거나 자신을 돌볼 의사가 없는 게으른 사람으로 낙인이 되니 나이 들어 가장 신경 써야 하는 건 바로 '나의 냄새'일지 모르겠다.

"참나, 중년이 되니까 남자처럼 힘도 세지고 남편 베개에서 나던 냄새가 내 베개에서도 나는 거 같아. 난 얼굴 주름보다 그게 더 신경 쓰이네."

"나이 드는 거지 뭐. 호르몬 변화를 어쩌겠어. 난 요즘 눈도 안 보이고 냄새도 잘 모르겠고 밥맛도 없고 그러네. 신체 기관의 예민도가 기하급수적으로 떨어지는 것 같아. 그게 다 타인에 대한, 나에 대한 수용성을 키우라는 신의 뜻 아니겠어? 냄새 좀 나면 어때. 남한테서 나는 냄새, 나한테서도 나고 나한테 나는 냄새, 남한테서도 나고. 다 사람 사는 냄새지 뭐."

"그래, 맞아. 그래도 오랜만에 향수 뿌리고 나가는 날은 기분이 참 좋더라. 입사 시험 합격해서 첫 출근하는 느낌이랄까. 요즘 젊은 친구들은 비싼 방향제 사놓고 집에서 쉬는 게 유일한 사치라던데 그 이유를 알 것도 같아."

오랜만에 만나는 친구들은 노화의 다양한 현상들을 아주 자세히 털어놓는다. 이번엔, '냄새'였다.

좋은 옷은 못 사도 좋은 향으로 삶의 만족을 키워가는 젊은이, 좋은 향으로 이성에게 어필하려는 남녀. 여전히 고가의 향기 마케팅이 성행하는 건 고대, 중세인들이 좋은 향을 차지하기 위해 많은 비용을 지불했던 것과 같이 '향'에 대한 인간의 집착을 말하는 것일 테다. 상하수도 처리 완벽하고 세탁 기술도 침구, 의류 산업도 발달했는데 더 좋은 향에 대한 집착은 여전히 현재 진행형이다.

물론 사람에게는 이런 물리적인 냄새, 코로 맡아지는 냄새만 있는 것은 아니다. 사람의 말투, 표현, 성격, 가치관, 태도 등 정서적인 향기도 있다. 고집 세고 이기적인 사람이 다가오면 물리적으로 느껴지는 나쁜 냄새가 날 때보다 더 큰 보폭으로 뒷걸음질치게 된다. 물리적으로나 정서적으로나 냄새나는 곳은 청결히 씻어내고 향기 나는 사람이 되어야겠다.

유독 옷에서 나프탈렌 냄새가 많이 나는 친구가 있었다. 그 친구와 놀 때는 숨을 참았다가 쉬어야 했다. 말도, 놀이도 재밌게 하는 재주가 있어서 그 친구와 놀려는 친구가 줄을 이었으니 나중에는 숨을 참고 말고 할 것도 없었다. 우선 그 친구를 차지해야 했고 이내 친구의 향기에 익숙해졌다. 사람의 향기란 어쩌면 그런 것 아닐까.

오십이 가벼워지는 인생 공부 ㉑

어느 때부터인가 손에서 마늘, 고춧가루 냄새가 나는 것 같다.
비닐장갑 쓰고, 샴푸를 듬뿍 짜서 머리를 북북 긁어 감아도,
야트막한 냄새는 사라지지 않는다.

뭐, 나쁘지 않다.
어른의 냄새, 책임의 냄새, 성실의 냄새니까.

지구가 멈춰 섰다.

"10억 명을 사라지게 할 수 있는 무기는 핵미사일이 아니라 미생물"이라고 예언했던 빌 게이츠의 말이 제발 적중하지 않기를 바라지만 이미 코로나19로 인한 전 세계 사망자 수가 어마어마하다.

사람이 달나라에 가고 인공지능이 커피를 내리는 세상인데 정확한 이유도 모르고 백신 개발이나 접종이 이렇게 더디다니. 세상의 가장 똑똑한 이들은 과연 뭘 하고 있기에, 하는 원망마저 든다.

아무것이나 다 먹고, 너무 많은 걸 버리고, 자연을 맘대로 훼손한 사람들에 대한 자연, 환경의 복수인 걸까.

'사회적 거리두기'로 집집마다 배달 음식에 의존하니 하루가 지나면 일회용품이 산을 이룬다. 끊을 수 없는 악순환이 오래전부터 반복되고 있다. 누가 좀 가위로 싹둑 잘라주었으면.

환경, 내 아이를 지키는 일

코알라의 나라 호주가 2019년 9월을 시작으로 6개월 동안 불길에 휩싸였다. 우리나라 면적보다 넓은 산림이 소실되었고 세계 코알라의 3분의 1이 목숨을 잃었다고 한다. 세계에서 가장 넓고(우리나라의 70배) 가장 다양한 생물이 산다는 지구의 허파 아마존 역시 잇단 대형 화재로 밀림이 사라지고 있다. 검은 연기는 안데스산맥을 타고 올라 빙하를 녹여 기후 온난화를 가속화하고 있다. 중국이나 인도는 미세먼지 때문에 눈앞의 사람도 알아보기 힘든 형편이고 에메랄드빛의 태평양 작은 섬들에는 누군가가 가져다 버린 쓰레기가 넘쳐난다. 세계 곳곳에서 너무 덥고, 너무 많은 비가 내리고, 너무 건조한 기상이변이 나타나고 있다.

지구가 뜨거워지고 건조해지면서 식물, 동물은 병들어 죽어가고 변종의 바이러스와 세균들이 사람을 공격하고 있다. 생각지도 못했던 이유로 우리는 지금 학교에, 직장에 나가지 못하고 사람을 만날 수도 없다. 35도를 넘는 폭염에도, 혹한에도 하루 종일 마스크를 쓰고 버텨야 한다. 경제는 침체되고 사람들은 일자리를 잃었다. 환경오염은 당장 사는 일, 숨 쉬는 일, 그 자체가 되었다.

그러니 '버리는' 일에 두려움이 커졌다. 온 식구가 집에서 삼시 세끼를 해결해야 하는 처지가 되자 식재료도 음식도 배달로 많은 부분을 해결하게 되었는데, 물건들보다 더 큰 부피로 따라오는 포장재와 일회용품들을 볼 때마다 한숨이 절로 나왔다. "아, 딱 30초 해체하고 버리는 포장재의 품질이 왜 이렇게 좋아? 이건 또 뭘 이렇게 돌돌 감았지?" 택배를 해체할 때마다 구시렁거리니 옆에서 일을 돕던 작은아이가 이렇게 말했다.

"엄마, 그럼 엄마가 아이디어 한번 내봐. 포장재를 줄일 수 있는 방법을 생각해서 이걸 만드는 회사에 보내는 거지. 난 몇 개 생각해둔 거 있는데." 말만 많은 나와 달리 작은아이는 플라스틱 포장재에 붙어 있는 비닐까지 일일이 떼어낸다.

"너 그거 어디서 배웠어?" 작은아이는 유튜브에서도 봤고 TV에서도 봤다며, 환경에 관심이 많은 엄마는 왜 그것도 모르냐고 눈알을 굴린다.

"알지. 아는데…."

구시렁거리기만 하는 엄마와 달리 넌 비닐도 뜯고 포장재 줄일 아이디어도 생각하고 있구나. 입과 머리와 손이 따로 노는 엄마와 달리 넌 배운 대로 실천하고 있구나. 소중한 무언가를 지키기 위해서는 생각보다 많은 시간과 노력이 필요하다는 걸, 몇 마디 그럴싸한 말이 아니라 꾸준한 행동이 필요하다는 걸, 가르치는 어른들은 잊고 배우는 아이들은 기억하고 있었다.

사실 '버리는' 일에는 큰 관심이 없었다. 회사에서 '지속 가능 경영' 관련 활동을 할 때도 '교토 의정서'를 보면서 '앞으로 기업들이 더 많은 규제를 받겠구나'라고 생각한 정도다. 성장 가도를 달리는 기업에게는 원치 않은 '우회로'가 되겠다 싶어 크게 응원하지도 않았다.

그런데 80여 장이 넘는 비닐봉지 더미가 죽은 고래의 배 속에서 쏟아져나오는 것을 보고, 바다거북이 코에 박힌 플라스틱 빨대를 빼낼 때마다 고통스러워하는 모습을 보면서, 개발도상국 아이들이 선진국에서 수입한 각종 쓰레기 더미에서 뭔가를 찾아 생계를 이어가는 것을 본 이후부터는 마음이 편치 않았다. 그리고 알게 되었다. 쓰레기를 버리는 일은 단순히 '버리는' 일이 아님을. '사랑은 돌아오는 거야'가 아니라 '내가 버린 쓰레기가 다시 나에게 돌아온다'라는 사실을.

슬프게도 쓰레기는 부자 나라에서 가난한 나라로 이동하고 있었다. 가난한 나라의 아이들은 부자 나라에서 수입된 쓰레기를 쓰레기로 생각하지 않고 '함께' 성장했다. 지금 자신이 앓고 있는 병이 집 앞에 산처럼 쌓여 있는 쓰레기 때문인지도 모르고 말이다.

우리가 남긴 이 많은 쓰레기 때문에 고통스럽게 살 사람들은 다름 아닌 우리 아이들일 것이다. 기술이 발달하고 삶이 윤택해질수록 불평등은 커져가고 빈자(貧者)들은 경제적인 결핍뿐 아니라 부자들이 남긴 쓰레기까지 감당해야 할 것이다. 원인을 알 수 없는 병, 돌연변이를 대물림해야 할지도 모른다. 바이러스는 부자든 가난하든 평등하게 찾아왔지만 그 후유증은 두 배, 세 배로 큰 불평등을 낳지 않았는가. 부자들은 먹을 것과 일할 사람을 잔뜩 실어 오염 없는 태평양의 외딴섬으로 떠났고 빈자들은 길거리에서 치료 한번 받지 못하고 죽어가지 않는가. 우리나라가, 우리가, 내가, 나의 아이들이 영원히 빈자의 영역에 들지 않을 거라고 누가 자신 있게 말할 수 있을까?

"아, 부인. 부인의 뜻은 알겠는데 비닐팩이나 플라스틱 그릇을 너무 여러 번 쓰면 오히려 유해 물질이 나온다는데요."

우리나라 1인당 플라스틱 소비량이 100킬로그램에 육박하고, 비닐봉지 소비량은 1인당 연간 4장을 쓰는 핀란드보다 100배 많은 420장을 써서 세계 1위 수준이라는 충격적인 기사를 읽었다. 플라스틱 100킬로그램이라면 도대체 그 부피가 얼마인가. 그 후부터 비닐봉지, 지퍼백은 빨아 쓰고 플라스틱 그릇은 씻어 쓰고 음식을 포장할 때는 그릇을 들고 나서는 내게 남편은 너무 유난 떠는 거 아니냐며 눈을 흘긴다. 하긴 그런 것도 같다. 텀블러를 휴대하는 일도 종종 깜빡하고 나무젓가락, 일회용 칼, 냅킨도 받지 않으려고 하지만 집 안에 이미 수북이 쌓여 있다. 점점 다양해지는 생활 쓰레기는 어떻게 버려야 할지 매번 헷갈린다. 말은 번지르르하게 하는데 생각만큼 실천은 쉽지 않다. 비닐봉지를 쓰레기통에 넣었다가 다시 주워 왔다가, 우왕좌왕하는 모습을 보더니 큰아이가 말했다.

"엄마, 엄마가 그렇게 싫어하는 비닐봉지가 사실은 환경을 위해 개발된 거라는 거 알아?"

'모르지. 그런데 사실 엄마, 비닐봉지 안 싫어하는데. 얼마나 편리한데, 음식 넣어두고 꺼내는 데 짱이지. 그릇에 담으면 매번 설거지해야 하는데 그럴 필요도 없고. 그냥 무서운 것뿐이야. 나중에 너희들이 먹게 될까봐. 그런데, 뭐라고? 비닐봉지가 환경을 위해 개발되었다고?'

비닐봉지는 1959년에 스웨덴 공학자 스텐 구스타프 툴린(Sten Gustaf Thulin)에 의해 개발되었다. 당시 종이봉투 사용으로 수많은 나무가 사라지는 걸 안타까워하던 툴린은 환경파괴를 막기 위해 다회용 가방을 만들고자 했고, 결국 가볍고 재사용이 가능한 플라스틱 소재의 비닐봉지를 개발하는 데 성공한다. 하지만 툴린의 바람과 달리 사람들은 비닐봉지를 여러 번 재사용하지 않고 종이봉투처럼 한 번 쓰고 버렸다. 다시 종이봉투 사용을 권장하는 요즘을 본다면 구스타프 툴린은 기절초풍할 것이다. 의도와 결과가 항상 일치하지 않는다는 걸 우리는 너무 늦게 깨닫는다.

"사실 버릴 걸 고민할 게 아니라 애초에 사지를 말아야죠. 저희 집만 해도 불필요한 게 얼마나 많은지. 자꾸 사니까 자꾸 버리게 되는 거 같아요." 똑소리 나는 살림으로 소문난 이웃은 쓰던 물건은 깨끗하게 닦아 중고로 팔고 다시 필요한 물건 역시 중고로 산다. 경제 사이클 안에서 물건이 재활용되는 것만큼 환경을 지킬 수 있는 훌륭한 동기부여는 없다는 그녀의 생각과 실천은 실로 훌륭하다.

우선 '최소한의 소비'를 실현해야겠다.

지구에는 이미 너무나 많은 가방과 컵, 옷이 있다. 우리 집 사정도 마찬가지다. 그것이 비닐이든 종이컵이든 플라스틱컵이든 텀블러든 혹은 천이든 가죽이든, 죽을 때까지 사용해도 다 쓰지 못할 만큼, 아무리 입어도 닳아지지 않을 만큼 많다.

쓰임새 말고 기분이나 분위기 때문에 무엇을 사거나 버리는 일은 없어야겠다. 그러면 당분간은 구질구질하다든가 유행에 떨어진다는 손가락질을 받겠지. 하지만 하찮은 오해보다 중요한 것은 우리 후손이 우리처럼 알 수 없는 바이러스와 이상기후로 손발이 묶여서는 안 된다는 것이다.

과도하게 사회적 책임을 느낄 만큼의 사회적 지위를 누린 바 없지만 환경은 한 나라가, 대기업이, 과학자가, 현자 한 명이 지켜내는 게 아니라 국가, 사회, 기업, 가정, 개인 모두가 비슷하게 박자를 맞춰가야 지킬 수 있는 일임을 이번 바이러스 사태를 통해 깨달았다.

누군가 그랬다. 잘 산다는 건 많은 걸 누리는 게 아니라 내가 살던 세상보다 조금 더 좋은 세상을 만들어놓고 떠나는 거라고. 그런 세상은 거창한 구호나 의정서 따위가 아니라 개개인의 결심과 실천으로 완성되는 것 아니겠는가. 바쁜 젊은이들 대신 조금 더 여유로운 내가, 바쁘게 사느라 환경을 온통 어지럽게 만든 우리 세대가 비로소 진지하게 고민할 문제일 것이다.

산과 바다, 도시가 가쁜 숨을 내쉬며 아우성대다가 지구의 움직임이 둔해지자 금세 우리에게 맑은 하늘과 깨끗한 공기로 말을 걸어왔다. “어때? 숨 쉬니 좋지?”라면서. 자연이 말을 걸어오는 지금, 이런 기막힌 타이밍에 우리도 좀 가벼워져야 되는 거 아닐까?

호주에 사는 친구가 집 앞에서 깡충거리며 뛰어다니는 캥거루와 코알라 사진을 보내왔다. 다 큰 몸으로 캥거루의 뜀박질을 기막히게 흉내 내는 큰아이를 보며 작은아이가 그런다.

“엄마, 우리 아파트에는 전부 목줄 달린 반려견뿐인데 엄마 친구는 캥거루, 코알라도 키우나봐. 좋겠다.”

글쎄, 우리처럼 묶어놓고 밥 주고 키우는 게 아니라 그냥 알아서들 사람은 사람대로 동물은 동물대로 사는 게 아닐까? 서로의 영역을 존중하면서 말이지.

오십이 가벼워지는 인생 공부 ㉒

중고는 남이 쓰다 버린 물건이 아니라
내게는 없고 그에게는 있는 물건일 뿐이다.
건강하게 거래하고 풍족하게 쓰고 깨끗하게 넘겨주자.
버리면 쓰레기지만 필요한 사람에게 가면 득템이다.

‘뉴트로’, ‘소확행’, ‘디지털 트랜스포메이션’.
해마다 등장하는 새로운 키워드는 유행뿐 아니라 생활 방식, 산업의 지도를 바꾸고 있다. 수년째 인류에게 고민을 던져주고 있는 ‘4차 산업혁명’은 앞으로 우리가 만화나 영화 속의 외계인들처럼 살게 될 테니, 마음 준비 단단히 하라는 일종의 경고다.
인간의 필요가 변화와 유행을 이끄는 것인지 거꾸로 때마침 개발된 기술이나 기업의 의도가 필요를, 산업을 창출하는 것인지 솔직히 잘 모르겠다.

혹시 4차 산업혁명도 지구에서 많은 물건을 만들어 돈 한번 왕창 벌어보겠다는 외계인들의 계략이 아닐까?

변화, 풍덩 뛰어드는 것

천둥, 번개, 지진, 귀신, 도둑을 무서워하고 무엇에든 조심이 많은 작은아이에 대한 걱정에 이웃 엄마는 "예측력이 좋아서 그래요. 머리가 좋은 거죠"라며 착하게 위로해주었다.

정말 그런 걸까? 나 역시 겁이 많았는데, 늘 천둥이 치면, 귀신이 나타나면, 도둑이 나타나면 하는 가정 하에 몇 가지 시나리오를 세웠던 기억이 난다. 우선 집어 들고 휘두를 것과 도망갈 통로를 정하고, 십자가를 그을 것인지 성냥불을 그을 것인지 계획을 세운 다음에야 잠이 들었다. 확실한 건, 현재까지도 머리가 좋은지는 잘 모르겠다는 건데, 인생 후반기에 사정이 또 달라질 수도 있다는 기대에 아직 성급한(?) 결론을 내리지 못하고 있다.

대개의 사람들은 '겁'을 부정적으로 생각하지만 '겁'은 다가오는 위기를 감지하고 이에 신속하게 대비할 수 있는 생존의 필수 본능이다. '겁'은 환경을 감지하는 능력이 뛰어난, 예민한 이들에게 주로 발견된다. 자신을 위험에서 구하고 지키는 힘이 된다. 세계를 이끌어온 리더들 역시 겁이 많고 미래를 부정적으로 예측한다. 물론 정확한 분석과 대응 태세를 갖추는 것이 범인과는 다를 뿐이다. 어릴 때 겁쟁이라고 놀림 받던 친구들이 사실 영화 속 주인공처럼 다음, 그다음에 일어날 일을 미리 예측하는 뛰어난 능력의 소유자일지 모른다.

"요즘 문과는 사람 취급도 못 받아. 수학, 과학 못하면 쓸모없는 사람 취급당한다니까." 문송(문과라서 죄송합니다)한 시대에 극단적 문과형 두뇌를 가진 큰아이는 지레 겁부터 먹고 장벽을 만들기 시작했다.

"인문학에 기반하지 않은 기술의 발전은 소용없어. 과학이나 기술도 모두 인간을 이해한 다음의 일이니까. 너는 기술이 못하는 것을 하면 되지."

"기술이 하지 못하는 거, 뭐?"

"글쎄. 뭐, 사람 몸에 대한 거? 사람 감정에 대한 거?"

"그러니까 그게 구체적으로 뭐냐고."

대들 듯 다음 답을 재촉하는 큰아이에게 결국 무음의 답을 할 수밖에 없었다.

'엄마도 몰라. 철학 책 머리말 같은 말이라도 떠들어대야 네가 불안하지 않지. 세계 석학들, 리더들도 잘 모르겠다고 하는데 일개 서울 시민일 뿐인 엄마에게 무슨 번듯한 정답이 있겠어'라고.

4차 산업혁명 시대다. 사물인터넷(IoT), 드론과 로봇, 자율주행차가 현실화되고 바이오 기술, 의약, 화학, 전자, 에너지, 농업, 식품 등 다양한 산업이 융복합되고 있다. 기업들은 뒤질세라 고액 연봉을 주고 관련 분야의 수재, 영재들을 모셔와 기술의 상품화에 열을 올린다. 세상 모두가 우르르 달려가고 있다. 누구는 전속력으로, 누구는 의심의 눈초리로, 누구는 여전히 제자리에서 눈치만 보면서.

그런데 문제는 세상이 평범한 엄마, 아빠들을 너무 과대평가한다는 거다. 석학들도 속시원히 말하지 못하는 미래 변화에 대비해 아이들에게 비전을 심어주라고 하고, 먹거리를 찾으라고 재촉한다. 그런데 이건 귀신이나 도둑의 문제가 아니니 정말 난감한 노릇이다. 불 꺼진 방에서 보이지 않는 귀신에게 십자가를 들이대는 격이라고 할까.

그런데 그 어두운 곳에서 홀연히 나타난 코로나19 바이러스가 우리에게 많은 걸 가르쳐주었다. 일과 학습은 사람을 대면하지 않고도 가능하다는 것, 인간의 생명을 지키는 건 정치나 이념이 아니라 정직하고 구체적인 의학과 과학 기술이라는 것을 말이다. 4차 산업혁명에 의심스러운 눈길을 보내던 사람들에게 눈에 보이지도 않는 바이러스가 명확한 깨달음을 준 것이다. 앞으로는 전염병 감염 위험이 없는 로봇과 컴퓨터가 더욱더 인간의 삶을 돕거나 간섭하게 될 것이고, 사람들은 이를 당연한 일로 받아들일 것이다.

그런데 사실, 아직도 잘 모르겠다. 이런 변화 속에서 나는 어떻게 살아야 할지 아이들에게는 무슨 말을 해줘야 할지. 무엇이든 의심이 많아서 이해가 되지 않으면 한 발자국도 움직이지 않는 성격이라 늘 후발의 어려움을 겪었는데, 이번에도 그렇다면 돌이킬 수 없는 간격이 벌어질까봐 큰 걱정이다.

"언니는 가상화폐 있어요?" 이웃이 물었다. "가상화폐? 당연히 없지. 주식도 잘 안 하는데 가상화폐는 무슨. 그러는 자기는 있어?"

"조금 있는데 뭐, 돈은 못 벌 것 같아요."

이럴 수가. 내가 귀신, 도둑에 대한 시나리오를 세울 사이에 귀신, 도둑 따위는 안중에도 없는 이웃은 가상화폐를 사고 있었다. “블록체인이 뭔지 찾아보다가 이해가 안 돼서 포기했는데, 자기는 언제 그런 걸 샀대? 어떻게 사는 건데? 진짜 거래가 돼?”

이웃은 손사래를 치며 말했다. “언니도 참. 블록체인인지 뭔지를 이해하는 게 뭐가 중요해요? 그냥 사보는 거죠. 궁금하잖아요. 나도 잘 모르지만 뭐든 알려면 직접 해봐야지 싶어서.”

어이쿠. 집채만 한 돌다리 두들기며 머리 뜯고 시간만 보낼 사이, 누군가는 시장에 들어가 사고팔고 또 다른 시장을 만들고 있었다. 변화는 속도라는데, 변화를 이해하겠다며 팔짱 끼고 관망할 사이 변화에 뛰어든 사람들은 기회를 얻고 또 다른 기회의 법칙을 만들고 있었다. 총성이 울리고 나서야 출발하려고 하니 엉덩이 들고 출발 자세를 취했던 선두를 따라잡을 리가.

순간, 인도양의 모리셔스 섬에 서식했다던 도도새가 생각났다. 오랫동안 섬에서 아무 방해 없이 살던 도도새는 하늘을 날아다닐 필요가 없어졌고 이내 비행 능력을 잃었다. 1500년경 포르투갈인에게 발견될 당시 도도새의 몸무게는 무려 23킬로그램이나 되었다고 한다. 다리는 튼튼해졌고 날개는 날 수 없을 정도로 작아졌다. 날지 못하는 무거운 몸의 도도새는 선원들의 좋은 사냥감이 되었다. 네덜란드가 이 섬을 죄수들의 유배지로 사용하면서 도도새는 죄수들과 함께 온 다른 종들의 공격을 받아 결국 인간의 손길이 닿은 지 170년 만에 멸종했다. '도도'는 포르투갈어로 '어리석다'라는 의미라고 한다.

"4차 산업혁명이라고 떠들지만 우리가 죽을 때까지야 큰 변화 있겠어? 매번 시끄럽기만 했지 뭐."

"아무래도 좋은 대학을 나와야 좋은 직업을 선택할 수 있지 않겠어? 사는 건 확률 게임인데."

"공무원, 선생님, 대기업 사원이 최고지. 연봉도 높고 안정적이잖아."

"뭐니 뭐니 해도 판검사, 의사가 최고지. 권력, 명예, 재력이 따라오잖아."

이렇게 말하는 우리는, 나는 이미 도도새인지도 모르겠다. 뚱뚱해져서 더 이상 날 수 없는 새. '변화'는 단순한 트렌드가 아니라 생각의 방식과 행동을 바꾸어내는 것이라는데, 입과 머리로는 '변화'를 외치면서 몸은 천적 없이 안락한 모리셔스 섬의 도도새처럼 잔뜩 불어 움직일 수 없는 상태라면 정작 적들의 공격에 속수무책이 될 수밖에. 변화는 이해하는 게 아니라 느끼고 움직이고 뛰어드는 것임을 나는 모르고 이웃은 이미 알고 있었던 것이다.

90년대 말, 인터넷 광풍으로 벤처기업이 우후죽순 생겨나던 시절, 대기업을 그만두고 아이디어 하나로 회사를 차리는 동료를 보며 마음속으로 그렇게 말했던 것 같다. '그게 되겠어?', '어떻게 해. 망했네. 그냥 회사에 있지'. 그런데 '망했던' 그들은 다시 일어나 '표준'을 만들었고 지금은 또 다른 '룰'을 만들어 세상의 변화를 이끌고 있다. 반면 안정적인 직장에 다니며 몸만 불린 사람들은 승진 누락, 퇴직 위기에 불안해하며 변명에 아집만 불리고 있다.

중학교 미술 선생님으로 퇴직하신 이웃 어르신은 말했다. "엄마가 세상 변화에 가장 민감해야 해요. 왜냐면 아이들의 가장 가까운 곳에서 미래를 말해줄 사람이니까. 벌써 25년도 넘은 얘기인 것 같은데, 학교에서 근무할 때 컴퓨터를 배워야 한다고 그렇게들 얘기했는데, 그때 그걸 빨리 받아들인 사람들은 업무 처리도 쉽게 하고 학생들 교육에도 컴퓨터를 활용하더라고요. 결국 승진도 남들보다 빠르고. 변화를 일찍 받아들이는 사람들이 기회를 얻을 수밖에 없어요."

이웃 어르신의 아들은 이미 '이립'했고 전문직에 종사 중인데, 어르신은 4차 산업혁명과 관련한 책을 읽으며 아들에게 전해줄, 혹은 함께 토론할 주제를 정리하고 있다고 말했다.

어쩌면 도둑과 귀신은 밖이 아니라 내 안에 있는지 모르겠다.

내 안의 도둑과 귀신부터 잡는 게 먼저겠다.

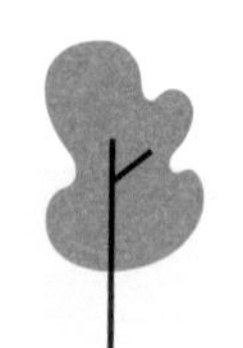

오십이 가벼워지는 인생 공부 ㉓

《거울나라의 앨리스》에서 앨리스는 나무 아래서 붉은 여왕과 함께 달린다.
앨리스가 묻는다. “왜 나무를 벗어나지 못하죠? 우리나라에서는 이렇게 달리면 벌써 멀리 갔을 텐데.” 붉은 여왕이 답한다. “여기서는 힘껏 달려야 제자리야. 나무를 벗어나려면 지금보다 두 배는 더 빨리 달려야 해.”

나도 나름 뛰어가는데 세상은 날아간다. 사는 건 속도전이다.

“종교가 어떻게 되시는데요?” 이렇게 묻고는 아차 했다. 절대 물어서는 안 되는 것 중의 하나인데, 하지만 일 년에 대여섯 번이 넘는 제사를 준비하는 대한민국 보통의 며느리와는 달리 제사를 지내본 적이 없다길래 무의식적으로 말이 튀어나왔다.

그런데 왜, 상대의 종교는 물어보면 안 되는 것일까? 편견이 생길까봐? 다툼이 일어날까봐? 종교 탄압을 받는 나라도 아니고 개신교, 불교, 가톨릭, 이슬람교 등등 다양한 종교가 존재하고 그 종교를 선택할 자유도, 그 어떤 것도 믿지 않을 자유도 있는데 말이다.

종교, 안드레아와 아네스

"뭐, 안드레아? 뭐야, 완전 안 어울리잖아. 만나서 반가워. 난 아네스야."

결국 웃고 말았다. 철수나 영희의 얼굴로 안드레아, 아네스라니. 말술에 불같은 성격들인데, 성인(聖人)의 이미지를 떠올리는 건 쉽지 않았다.

"둘 다 성당을 다니긴 다녀?" 같은 자리에 앉은 이들이 한마디씩 거들었다. 이를 어쩌나. 직장과 육아에 지쳐 주말에는 나무늘보처럼 잠만 자느라 미사를 본 지가 언제인지 기억도 나지 않는데. 그런데 같은 처지라고 생각했던 안드레아는 "아이고 그럼요. 전 가끔 새벽 미사도 가요. 주말에는 당연히 부모님 모시고 식구들이랑 다 같이 가고요." 나보다 두 배쯤 음주 가무를 좋아하는 안드레아인데, 이런 배신자 같으니라고.

"아, 배 부장은 주중에 지은 죄가 많아서 주말에 성당을 꼭 가야 하고, 전 아직 지은 죄가 크지 않아서 나중에 몰아서 가려고요."

그렇게 우스운 변명을 했던 기억이 나는데, 그 후 내가 입원한 병실을 찾으신 신부님과 수녀님께 꼭 성당에 다시 나가겠다고 철석같이 약속을 했는데. 동네를 산책하며 지나치는 성당 앞에서 바늘에 찔린 듯 죄스러움이 밀려왔다.

그랬던 것 같다. 바쁘게 살 때는 잊고 있다가 마음이 약해지거나 몸이 아프거나 좋지 않은 일이 생길 때면 염치없이 기도를 했다. 마음이, 현실이 바닥을 칠 때 숨어드는 동굴 같은 곳이라고나 할까. 산책길에 자주 마주치는 동네 어르신은 나이가 들면 다시 종교 생활을 하게 될 것이고, 그곳에서 마음의 안정을 얻어 이만큼 살 수 있음에 감사하고 봉사하는 삶을 살면 된다고, 지금은 그저 가족들과 열심히 살아가라고 말했다. 신도 이해해주실 거라며.

잘 늙기 위해서 종교는 필수품이라고 했다. 종교를 통해 인간으로서 지켜야 할 도리, 인격 등을 주기적으로 반성할 수 있고, 어떻게 살아야 할지 자신의 정체성에 끊임없이 의문을 가질 수 있기 때문이다. 그러니 지위를 얻고 재산을 불리고 아랫사람이 생기는 노년이야말로 종교를 통해 스스로를 다듬을 수 있는 가장 적기일 것이다. 그렇다고 쓸쓸한 노년에 종교에 지나치게 의지하게 되면 행복 찾으러 갔다가 불행 가지고 돌아올 수도 있으니 그저 아플 때 드나드는 동네 병원처럼 생각하라는 어느 신부님의 말씀도 생각났다.

TV 고발 프로그램에 단골로 등장하는 주제 중 하나가 종교 문제가 아닌가. '믿음'을 구실로 심리적으로 사람을 학대하고 가정의 안위와 행복을 앗아가고 과도한 물질을 요구해 파산에 이르게 한 경우를 수없이 보았다. 먹고사는 문제도, 죽고 사는 문제도 아닌데 '믿는' 문제가 너무 깊어진 것이다. 종교 안에서 편안해진 게 아니라 감옥을 만들어 스스로 불행하게 된 사람들의 사정은 너무도 안타까웠다. 게다가 페스트, 홍역, 스페인독감 등으로 세계 역사가 바뀔 정도의 많은 사람이 죽었던 시절, 사람들이 모여 빨리 낫기를 기도하느라 더 많은 사람들이 죽게 되었다는 소리를 들으니 지금의 코로나19와 맞물려 종교가 더 이상 인간의 삶을 침해해서는 안 된다는 걱정도 들었다.

"나는 신에 대한 믿음도 믿음이지만 감사의 기도, 내 잘못된 행동에 대한 반성, 완전하지 못한 삶에 대한 이해를 구하기 위해 성당에 나가. 자신의 잘못을 뉘우치는 부모의 모습을 아이들한테 보여주는 것도 중요하다고 생각해, 사람은 잘못할 수도 있고, 완벽하지도 않은 존재라는 걸 배우는 거지. 반성할 줄 아는 삶을 위해서라고 할까?"

안드레아는 주말이면 이렇게 독실한 종교인이 된다고 했다. 안드레아는 놀랍게도 '지혜'의 아이콘이었다. 늘 맞는 듯, 아닌 듯하다 마무리만큼은 훌륭했으니까.

"종교는 인간이 만들어낸 규범의 집합이라고 생각해. 신의 이름을 빌려 인간의 행동을 제어하기 위한 인간의 지략이라고 해야 하나? 신이 정말 있다면, 우주를 다스리는 신이 '간음하지 마라', '네 이웃을 사랑하라' 같은 구체적인 행동 강령을 내려줄 시간이 있었겠어? 행성이 몇 개며 보살펴야 할 외계인들도 많을 텐데 어찌 지구인들만."

두 살 많은 선배는 어떠한 종교도 허점이 보여 빠져들 수 없다고 말했었다. 그런데 25년 만에 만난 선배는 독실한 기독교인이 되어 술도 적당히 마시고 목소리도 적당한 크기로 말하며, 사람들의 시끄러운 소리에 그저 간간이 웃기만 했다. 옛날에는 늘 무엇엔가 화가 나 있는 듯한 사람이었는데. 부인 때문에 교회에 다니게 되어 지금은 본인이 더 열심이라고 했다.

"선배, 유물론자 아니었던가? 신은 없다며."

"내가 그랬나? 허허. 어찌 그런 말을."

안드레아와 선배에 대한 추억과, 이래저래 죄스러운 마음에, 묘한 그리움이 겹쳐 작은아이와 함께 동네 성당 미사에 참석했다. 참으로 오랜만이다. 처음 성당을 둘러본 작은아이는 성당 특유의 엄숙한 분위기에 얼음이 된 것 같았다. 그런데 그런 아이보다 내가 더 어색했다. 기도문도 바뀌고 성가도 당최 기억이 나지 않았다. 뭘 어떻게 해야 하는지, 남의 집에 와 있는 것처럼 눈치가 보였다.

멕시코 국적의 주임 신부님 강론 시간, 안 그래도 엉덩이가 들썩이는 작은아이는 무슨 말인지 하나도 못 알아듣겠다며 나가자고 졸라댔고 결국 미사 중간에 성당을 빠져나왔다. 돌아오는 길, 작은아이는 연신 물어댔다.

"엄마, 왜 예수님을 믿는다면서 성모 마리아님이 서 있어? 예수님은, 하느님은 정말 있어? 기도하면 들어주셔? 교회랑 성당이랑 절이랑 뭐가 달라? 신들은 왜 이렇게 종류가 많아?" 이런 쉬운 질문에도 제대로 된 답을 할 수가 없었다. 이런, 나 종교인 맞는 건가.

그래, 아마 15년 전쯤인 것 같다. 아는 일행들과 유럽 여행을 하게 되었는데 이탈리아에 도착한 첫날부터 큰아이가 몹시 아팠다. 다섯 살 아이를 데리고 밤낮이 바뀌는 나라에 여행을 오는 게 아니었다고 후회했지만 별다른 도리가 없었다. 바티칸시국에 있는 시스티나 성당 앞에 아이도 주저앉고 남편과 나도 주저앉았다. 또래보다 한참 무거운 아이를 업고 성당 내부를 돌아다닐 엄두가 나지 않아, 그저 성당 입구에 앉아 다른 일행이 관람하고 나오길 기다려야만 했다. 결국 미켈란젤로가 20미터 높이의 성당 천장에 그렸다는 세계 최대 크기의 천장 벽화를 보지 못했다. 그 이후 모든 일정에서 우리는 입구와 출구에만 박제되어 있었다. 그 유명한 시스티나 성당 내부를 보지 못한 것이 두고두고 후회로 남았다. 그때, 시스티나 성당에 그려진 〈천지창조〉나 〈최후의 심판〉을 봤더라면 작은아이의 질문에 답할 수 있었을까?

"어디 다녀와요?"

"응, 기도드리러. 자기는 수험생 기도 안 해? 난 절에 다녀오는 길인데."

아, 그렇지. 기도가 있었지. 아이에게 해줄 것은 '밥', '기도', '사랑'밖에 없다고 먼저 고3 엄마를 두 번 경험한 친구가 그랬는데, 난 아직 '밥'하고 있는 중인데 위층 이웃은 불공을 드리러 다녀오는 길이라 했다.

작은아이의 쉬운 질문에도 답하지 못했으면서 기도를 드려도 되나, 너무 편의주의적 종교 생활 아닌가 싶지만 운칠기삼(運七技三)을 넘어 운구기일(운이 90퍼센트, 실력이 10퍼센트)이라는 '입시'에서 그나마 부모가 할 일은 그것밖에 없다고들 하니.

먹고사는 문제만으로도 매일매일 피 터지는 우리가 매일매일 안드레아와 아네스가 될 수는 없을 터. 기도는 뭔가를 공짜로 얻기 위한 나쁜 심보가 아니라 어쩌면 자기 자신에 대한 주문과 결심일 테니 그것 정도는 시작해도 될 것 같기도 했다.

"나 힘들 때만 예수님, 부처님, 알라신을 찾는다고 그것도 이해 못하고 화를 내시면 진짜 신이 아니지. 지금이야말로 진짜와 가짜를 판별해낼 가장 좋은 때야. 아이를 반으로 가르자는 엄마는 진짜 엄마가 아닌 것처럼 말이야. 무한한 사랑으로 보답해주실 거야." 모태 신앙을 가진 친구가 이런 해답을 주었다. 친구는 알고 있다. 믿음의 믿음을.

오십이 가벼워지는 인생 공부 ㉔

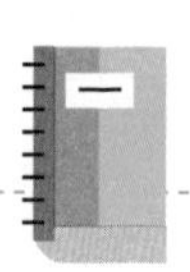

기도와 일기의 공통점.
반성한다. 또 잘못한다. 또 반성한다. 또 잘못한다.
그렇더라도 안 하는 사람보다, 안 쓰는 사람보다는 낫다.

에필로그: 그까짓 오십, 나를 아끼며 살아보자

태어난 지 오십 년. 지난날을 양탄자처럼 펴서 이어 밟고 서보니 잘한 일, 그저 그런 일, 아쉬운 일, 참으로 못한 일이 무지개처럼 서로 뒤엉켜 있다. 과잉과 결핍은 얼룩져 있고, 평온하고 따스했던 시간은 오히려 투명해졌다.

기억은 과거의 사실을 끄집어내는 것이 아니라 과거의 사실에 현재의 감정과 믿음, 지식들을 덧입히는 과정의 결과물이다. 가장 아름다웠다고 기억하는 과거는 아름다웠으면 하는 간절한 소망의 결과물이고 잊힌 기억은 잊고 싶은 기억일지 모르겠다.

아니, 그러면 또 어떠랴. 사실 여부를 떠나 따뜻한 과거는 따뜻한 대로 차가운 기억은 차가운 대로 두는 것도 나쁘지 않겠다. 그래. 지난 오십 년의 세월은 그렇게 두어야겠다.

반환점을 도는 지금, 잠시 숨 고르기를 해본다.

숨이 차기도 지루하기도 할 앞으로의 길이 뒤돌아보면 반짝이는 영광으로 혹은 아름다운 추억으로 남길 바라며 다시 출발 자세를 가다듬는다. 출발 신호에 놀라 뛰기 시작했고 그러다 보니 중간에 넘어지기도, 남의 허들을 건드리기도, 구간 속도가 턱없이 늦거나 빨랐던 전반전과 달리 후반전은 천천히, 주변의 풍경에 눈길도 주고 함께 걷는 이들과 두런두런 이야기도 나눠야겠다. 그 나지막한 걸음과 함께 생각해볼 몇 가지를 이 책에 담았다. 사소한 것에는 온 신경을 집중하면서 정작 중요한 것을 놓치는 성격이라 이렇게라도 하지 않으면 전반전의 실수를 반복할지도 모르니까 말이다.

이 글을 처음 시작했을 때는 2019년, 꽃잎이 눈처럼 날리는 봄날이었다.

이유 없이 아프고 억울하고 때론 불안함에 숨이 막힐 것 같은 시간이 계속되었다. 제2의 사춘기인지 갱년기인지 이름표를 붙일 수 없는 감정이 오르내렸다. 나의 시간은 그렇게 지난했으나 햇살은 따뜻했고 파스텔색의 젊은이들은 더없이 발랄했다.

무더운 여름은 숨 쉬는 것만으로도 힘들었다. 노동이 아닌 더위로 흘리는 땀은 사람을 지치게 했지만 서늘한 바람이 부는 가을을 맞으며 봄의 통증, 여름의 짜증이 제법 가라앉기 시작했다.

그런데 겨울을 맞으며 생각지도 않던 코로나19 바이러스가 일상을 침범했다. 일상은 상상하기 힘들 정도로 단순해졌다. 집과 마트를 오가며 가족들의 삼시 세끼를 해결하고 집 인근을 산책하는 것이 전부. 문화센터, 헬스장, 친척 집 방문, 지인과의 모임, 이웃과의 수다, 독서 모임, 강의, 마음먹었던 경제 활동까지 모두 취소되었다. 단순하고 지루한 일상이라 생각했는데 모임도 많고 아는 사람도 많고 참 많이도 다녔다는 생각이 들었다. 그렇게 온 세계가 힘들고 괴로웠던 2020년이 제대로 된 인사 한번 없이 이별을 고했다.

앞으로도 시간은 생각보다 솔직한 표정을 지으며 스쳐 지나갈 것이다. 나는 절대 그러지 않을 것이라 생각하고 다짐했던, 결코 예상하지 못했던 일들이 시간의 흐름과 함께 나타나고 사라질 것이다. 세상에 장담할 수 있는 일은 아무것도 없으니 말이다. 그저 담담히 받아들이고 조용히 극복하고 잽싸게 잊어야겠다.

이 책을 쓰며 본의 아니게 자주 등장하는 큰아이와 작은아이, 배우자가 활자화된 자기의 모습에 화들짝 놀라며 손해배상을 청구할지 모르겠다는 불안감이 들지만, 어쩌겠나? 그들이 현재 내 삶의 많은 부분이자 관찰 대상인걸.

아울러 예전 동료, 이웃, 친구 등 주변 사람들과의 사연은 모두가 실제의 일들이나 큰 오해가 생기지 않도록 명칭, 직업, 사연 등을 살짝 비틀고 각색하거나 융복합하였다. '혹시 내 얘기야?' 하며 의심의 마음이 들더라도 크게 웃고 넘어가주실 거라 미리 믿어본다.

그리고 이 책을 펼치고 있는 나의 동년배들이여. 나이를 먹는다는 건 실로 만만찮은 일이지만, 조금 알고 적당히 모르는 지금, 조금 아프고 적당히 건강한 지금, 또 다른 문을 연다는 것은 얼마나 설레는 일인지.

그저, 나를 믿고 그 문을 힘차게 열어보자.

마지막으로 그 문을 여는 나에게 말해주자.
앞으로는 널 아끼며 살겠다고.

'척'에 숨긴 내 마음을 드러내는 시간
조금 알고 적당히 모르는
오십이 되었다

1판 1쇄 발행 2021년 2월 17일
1판 9쇄 발행 2022년 11월 25일

지은이 이주희
펴낸이 고병욱

기획편집실장 윤현주 **책임편집** 유나경 **기획편집** 장지연 조은서
마케팅 이일권 김도연 김재욱 오정민 복다은
디자인 공희 진미나 백은주 **외서기획** 김혜은
제작 김기창 **관리** 주동은 **총무** 노재경 송민진

펴낸곳 청림출판(주)
등록 제1989-000026호

본사 06048 서울시 강남구 도산대로 38길 11 청림출판(주) (논현동 63)
제2사옥 10881 경기도 파주시 회동길 173 청림아트스페이스 (문발동 518-6)
전화 02-546-4341 **팩스** 02-546-8053
홈페이지 www.chungrim.com **이메일** cr1@chungrim.com
블로그 blog.naver.com/chungrimpub **페이스북** www.facebook.com/chungrimpub

ISBN 978-89-352-1340-5 (03320)